la tactique de la craie

Le suivi éditorial de cet ouvrage a été assuré par Anne-Charlotte Sangam.

www.autrement.com

Dominique Resch

la tactique de la craie

Éditions Autrement

Pour Jean-Michel Zérillo

Prologue

D'un côté du bureau, un jeune professeur sans expérience, de l'autre, de vieux élèves aguerris. Tout est en place pour qu'un conflit éclate... En clair, lors du premier face-à-face de l'année, il n'est pas rare que les élèves soient d'emblée préoccupés par la sauce à laquelle ils vont manger leur nouvelle petite prof d'anglais, ou leur prof de maths débutant, plein d'ambition pour son tout premier cours.

Pas évident de commencer à enseigner, de se faire respecter, de cadrer une classe, de la prendre par la main pour la guider. Un compliment trop rapide à un élève, une réprobation trop pressée à un autre, et le chahut peut commencer. Un sourire au mauvais moment, un regard mal placé, trois fois rien, deux mots, une simple phrase qui montre que le prof s'invente un personnage de prof parfait... et au moindre lacet défait, au moindre col de chemise de travers, le cours peut tourner au vinaigre sans qu'on n'ait rien vu venir. Or, il se trouve qu'avec quelques bonnes cartes en main, le fil du rasoir sur lequel on marche peut rapidement devenir chemin praticable.

Loin de vouloir faire la leçon, le vieux routard de l'enseignement que je suis propose, ici, quelques conseils d'ami. Bien qu'ayant été PCP (professeur conseiller pédagogique auprès d'enseignants débutants) pendant quelques années, je ne suis pas un pédagogue professionnel. En revanche, j'ai dans ma sacoche quelques outils que je crois bons. Car même s'il n'y a pas de recette miracle, il existe quelques bons trucs de grand-mère.

Depuis plus de trente ans, chercher une alternative à la trique et à la matraque me passionne : les programmes scolaires étant chargés, le temps que je ne passe pas à faire la police m'est précieux... Et si certaines punitions s'avèrent parfois incontournables, elles sont certainement le recours le moins fructueux. En tout état de cause, savoir à quel moment, pour quelle raison et de quelle manière sanctionner n'est pas le propos de ce livre. Il s'agit bien plutôt ici de voir comment asseoir son autorité pour ne pas avoir à sévir systématiquement, pour éviter d'enfiler le costume de peau de vache détestable ou de prof sûr de sa bonne droite qui se réfugie derrière ses sacro-saintes sanctions à longueur de journée pour tenter – souvent sans succès durable – d'avoir la paix. En outre, il est bien connu que les abonnés aux colles du mercredi après-midi sont, pour la plupart, pressés d'en découdre le jeudi matin, 8 heures, pour se venger, et finissent par glisser dans une spirale infernale.

Nous avons tous le souvenir d'un maître, d'une maîtresse, d'un prof de collège ou de lycée qui n'avait besoin ni de menacer, ni de crier, ni de châtier à tour de bras pour se faire respecter. Un prof qui, d'un regard, désarmait l'insolent, d'un sourire, apaisait les tensions. J'ai l'un de ces profs en tête : affable et bienveillant, en début de cours, il lui suffisait de tousser discrètement, une seule fois, et de hausser un sourcil, un seul, pour que la fine équipe d'excités que nous étions ne bronche plus d'un cil.

Très avenant, très aimable, ce prof n'était cependant pas du genre à faire semblant d'être en colère lorsqu'il l'était. Mais ce qui le rendait vraiment fascinant à nos yeux, c'est qu'il semblait tout savoir sur tout. Pas le genre à reconnaître ses erreurs ! Il avait par ailleurs une telle manière de nous embobiner que ses défauts nous paraissaient des qualités et nous le rendaient extrêmement attachant. Loin de lui l'idée d'être pondéré en toute occasion, mesuré dans ses propos, comme cela est préconisé dans certains textes infiniment sérieux. Si j'osais résumer en une phrase le fond de ma pensée, je dirais que les élèves, peu friands de soupe tiède, ne crachent pas sur un prof roi, gonflé, qui entretient ses sales manies, ses tics, ses tocs, et se paye même, de temps en temps, selon son bon plaisir, sourire aux lèvres, une décision arbitraire pour détendre l'atmosphère. Au-dessus de la mêlée, toujours ! Quelle que soit sa personnalité, héros tout-puissant ou antihéros digne d'admiration, un prof doit soigner son image de maître à bord. Bien sûr qu'il sait tout ! Il parle comme un livre ouvert, toujours à la bonne page, et plane au-dessus du lot. Sinon, où va-t-on ? Un professeur a la science infuse... Et si je force le trait, c'est pour faire comprendre que les élèves sont à marquer, et à embarquer. Sans doute, aussi, faut-il les faire rêver pour les entraîner avec soi sur le chemin de la réussite. Heureux à l'idée qu'ils ont devant eux un prof totalement imprévisible et pas forcément conforme à la norme, mais unique en son genre, ils peuvent déjà imaginer qu'ils ne l'oublieront pas.

Un dernier mot, pour la petite histoire... Le fameux professeur évoqué plus haut avait la manie d'arriver en cours avec une minute de retard. Ni trente secondes, ni deux minutes. Une minute précise. Toute une organisation, j'imagine, pour parvenir à cette performance. Grosse impression sur son public ! Cet exemple à ne pas suivre (puisqu'un professeur qui n'est pas ponctuel ne peut pas attendre que ses élèves le soient, etc.) veut simplement montrer à quel point il est essentiel de marquer les esprits d'une manière ou d'une autre, fût-elle insolite. Nous, ses élèves, ne manquions pas d'être à l'heure à ses cours pour vérifier ce pouvoir qu'il avait de commander même au temps qui passe...

Je suis dans la classe d'à côté. J'entends un peu de bruit. Une chaise se renverse. La nouvelle prof d'allemand crie un peu trop fort, un élève lui répond mal et tente à son tour de hausser le ton. Je ne lui rendrais pas service en allant l'épauler à ce moment précis, mais à la récré, ce serait dommage de ne pas lui donner trois bons tuyaux.

D. R.

Chapitre 1

La première heure de cours

Le tableau est le mur de Planck à partir duquel notre monde prend forme et prend sens. Les atomes dont on a besoin se serrent les uns contre les autres, à disposition dans leur boîte de craies Omyacolor, dans l'encre des marqueurs Velleda, ou virtuellement dans le clavier du tableau interactif. Les photons des néons courent d'un bout à l'autre de la classe. Tout est en ordre, on peut faire cours. Il y a une cohérence qui fait du bien. Une rationalité rassurante. Le monde s'explique une bonne fois pour toutes : aujourd'hui, pour la première fois, je suis prof. Bel et bien prof. Ma première seconde de prof s'est enclenchée. C'est le début d'une réalité dont je prends conscience. Ou peu s'en faut... Comme à l'instant T du Big Bang, on ne comprend pas tout de suite ce qui se passe. Mais juste après, à l'intérieur de cette toute première seconde qui donne naissance à notre vie de prof, à dix puissance moins quarante-trois secondes exactement après le commencement, ça y est, tout s'explique. Nous ne chipoterons donc pas ici sur l'existence d'une durée infinitésimale qui précède cet instant et qui échappe à notre entendement. Stephen Hawking me pardonne, je me permets même un raccourci audacieux : c'est à partir du mur de Planck, dos au tableau, que tout commence à exister.

COMMENCER SA CARRIÈRE

Qu'y avait-il, avant ça ? Rien, sans doute. Je suis prof de toute éternité. On peine à l'imaginer mais personne ne saurait le mettre en doute, à commencer par les élèves.

Avant d'être là, pour la première fois face à une classe, il n'y avait rien de palpable, rien de concret, rien d'existant. « Rien au nord du pôle Nord », selon l'expression d'Hawking, *rien de rien*, selon Édith Piaf. Rien à regretter. Pris dans l'élan de l'aventure humaine qui commence, on dirait que notre mémoire fait défaut. Pour l'élève, par exemple, ce que le prof était avant d'être prof doit rester aussi énigmatique que ce qu'était le monde avant le Big Bang : suprême mystère.

Je suis né de mon tableau. Je suis prof, n'en doutez pas. Physiquement prof depuis le grand cataclysme qui marque le commencement de ma carrière.

Je suis là.

Je suis prof.

C'est moi.

FAIRE LE PROF

Aux yeux des petits rigolos qui sont assis à leur place, c'est clair et net. Ils peuvent le constater. Ils pourront venir me renifler à la fin de la première heure, après ces trois mille six cents premières secondes d'observation, me serrer la main peut-être, me regarder en face ou de travers, m'écouter de plus près, ils n'auront pas de doute sur cette singularité : ce n'est pas vraiment un homme ou une femme qu'ils ont devant eux. Juste un prof. Et que cela donne confiance au professeur débutant qui doute de savoir enseigner : les élèves n'ont, eux, aucune raison de douter... C'est le sac qui fait le prof, mais c'est aussi son regard, à la fois sévère et bienveillant, sa manière de parler sans crier, sa manière de s'habiller, sa manière de s'asseoir sur le bureau ou de marcher dans l'allée centrale comme s'il avait toujours fait ça, de parler des interros surprises, de proposer des sorties au théâtre, etc. Bref, il va falloir obéir. Travailler, si ça se trouve. Écouter, répondre, participer. C'est un vrai prof comme il en tombe du ciel, sans explication. Un genre qui sait tout. Un seul maître à bord. Un puits de science. Un Stephen Hawking qui, d'un mouvement de cil, va nous scotcher en un clin d'œil.

Les bons réflexes

- Lorsqu'un enseignant s'adresse à ses élèves, il doit souvent aller là où on ne l'attend pas. Pour capter l'attention, il est en effet nécessaire de surprendre, de déranger. En clair, il faut perturber la classe. Mais l'enseignant doit aussi penser à ne pas aller là où il s'attend lui-même...

- Lorsque vous faites cours, vous devez vous observer pour ne pas vous adresser systématiquement au groupe d'élèves le plus avenant, celui que vous entendez le plus et qui attire le plus votre attention. En règle générale, il est utile de passer davantage de temps à répondre à l'unique question de l'élève un peu réservé plutôt qu'à l'élève, bien ou mal intentionné, qui en pose beaucoup... Et il est tout aussi utile de distribuer la parole selon la même logique. Hélas, c'est une habitude que l'on a du mal à prendre, ou que l'on perd toujours trop vite. Il faut donc se méfier de soi-même, et se forcer : il est si courant de tomber dans le piège qui consiste à s'adresser sans arrêt à ceux qui prennent le plus de place !

Chapitre 2

Endosser la tenue parfaite

Lundi : costume-cravate, souliers vernis.
Mardi : pantalon de velours, pull-over à col roulé.
Mercredi : jogging, baskets (volley l'après-midi).
Jeudi : blue-jean, tee-shirt, sweat sur les épaules.
Vendredi : chemise à carreaux, boots, éperons, cheval sur le parking des profs pour partir en week-end.

Pour les hommes : si l'on est bien rasé le lundi, il est important d'avoir une barbe de trois jours le mardi (se débrouiller). Pour les femmes : si l'on s'est fait des boucles anglaises un jour, il est recommandé d'y aller de ses plaques en céramique le lendemain, et les manches ballon à l'ancienne doivent succéder aux poches cloutées aussi rapidement que les socquettes élégantes doivent se substituer aux chaussettes Mickey.

Dans l'idéal.

Bien entendu, il y a d'autres façons de voir. On peut avoir son style à soi et s'y tenir. James Bond, torse velu, années 1960. Drôles de dames, pattes d'éléphant rétros, années 1970. Toute l'année. Bien sûr. Mais, quand on est prof, le fait de changer d'apparence comme de chemise permet de ne pas être catalogué, ce qui contribue à perturber encore les élèves.

Jouer sur son apparence physique ne signifie pas pour autant faire n'importe quoi. Il est bon de rester dans les clous, de suivre un peu la mode qui évolue, de se tenir au courant, au moins, pour ne jamais avoir l'air de rien. Je t'en supplie, Régis, jette ton pull jacquard. Et Régine, si tu pouvais recycler ta jupe plissée, hein...

Du matin au soir, nous sommes regardés, dévisagés, observés des pieds à la tête.

– M'sieur ! Nous, on n'aime pas les modifiées.

– Les modifiées ?

– Vous ne savez pas ce que c'est, une modifiée ?

– Heu, non... Je ne sais pas...

– Ben, m'sieur, c'est une prof qui se met plein de fond de teint, du bleu sur les yeux, plein de rouge à lèvres. Vous voyez ?

On n'y coupe pas. La manière de se présenter aux autres est un sujet récurrent.

– Et toi, Élodie, qu'est-ce que tu aimerais faire, plus tard, comme métier ?

– Météorologiste.

– Ah oui ? C'est intéressant.

– Oui, c'est intéressant parce qu'on change de robe tous les soirs et on est bien maquillée, j'adore.

LA TÊTE ET LES JAMBES

Bien entendu, rien n'empêche de faire un point utile sur la trop grande place accordée aujourd'hui aux apparences. Et cela commence par essayer de faire entrevoir aux plus jeunes élèves que l'aspect moral d'une personne n'est pas moins important que son aspect physique. Corps et personnalité : gel structurant fixation forte pour cheveux normaux d'un côté de la boîte crânienne, neurones de l'autre. Est-ce que tout le monde a compris ? Il ne faut pas confondre un homme grand et un grand homme. Napoléon, par exemple, il était de petite taille, mais on dit que c'était un grand homme. Vous comprenez ?

– Oui !

– Bon, alors, donnez-moi l'exemple d'un homme grand.

– Zidane.

– Oui, très bien. Et un exemple de grand homme ?

– Zlatan.

S'OBSERVER MUTUELLEMENT

L'allure est souvent au centre du débat. On se regarde tous sans arrêt. Et comme être, c'est paraître sur l'estrade, un dernier coup d'œil dans le rétro de sa voiture en arrivant au bahut, et une succincte inspection mutuelle entre profs avant de monter en classe – t'as un truc sur le nez, Gérard, c'est quoi ? – permet de ne pas être montré du doigt dans les étages.

Nous sommes bel et bien en représentation permanente. Il y a donc péril en la demeure à être trop débraillé comme à être trop bien sapé. Attention aux carreaux avec les rayures, messieurs : les collégiennes et les lycéennes ont l'œil vif et le commentaire acerbe en cas de négligence. Un petit effort, quoi... Attention au surplus de maquillage et aux bas filés, mesdames : les collégiens et les lycéens ont l'œil aiguisé et la moquerie facile. Pas la peine de donner le bâton pour être battu.

JOUER, FAIRE MARCHER LES ÉLÈVES...

Pour finir, un mot à propos de mon cher collègue Zérillo. Pour compléter sa panoplie de prof – de la même manière que le pirate au bandeau noir se greffe une fausse jambe de bois pour faire plus vrai dans le film –, il s'est inventé un handicap. Pourquoi un handicap ? Pour aucune raison. Si ce n'est celle d'intriguer. Lorsqu'il se met à claudiquer devant sa classe de sixième ébahie, il fascine.

– Mais, m'sieur... Vous boitez ?

– Non, c'est rien. J'ai ma hanche en plastique qui me fait mal, en ce moment.

– Vous avez une hanche en plastique, m'sieur ???

– Eh oui... Et vous savez, ce n'est pas toujours facile de vivre avec ça. Surtout que je n'ai même pas cinquante ans. Mais reprenons le cours...

Cette histoire imaginée, comme tant d'autres, par mon collègue fait le tour du collège. Et c'est gagné : Zérillo crée le bruit de couloir du moment et devient, une fois encore, la vedette.

Pour l'anecdote, il suffit d'un ou deux bons collègues complices pour que le choc provoqué par la révélation de l'infirmité fasse boule de neige et se propage d'une salle à l'autre.

– N'embêtez pas trop M. Zérillo. Vous savez qu'avec sa hanche en plastique, ce n'est pas drôle tous les jours...

Les bons réflexes

- Surprendre ses élèves en changeant de tenue comme d'infirmité, d'air comme de ton, d'humeur comme de visage, est sans doute la règle numéro un.

- Ayez toujours à l'esprit que le professeur est plus souvent observé qu'écouté ! Lorsque l'attention d'un élève retombe, pour faire bonne figure, il aura à cœur de faire semblant d'être attentif, c'est-à-dire qu'il continuera, coûte que coûte, à observer le prof. Dans ces moments-là d'inattention, cette observation pourra même être extrêmement minutieuse.

La fausse bonne idée

En matière de tenue vestimentaire, attention aux panoplies : pour le prof, face à trente observateurs, mieux vaut éviter de se faire passer pour ce que l'on n'est vraissemblablement pas.

Chapitre 3

Créer un cadre chaleureux

J'ai longtemps rêvé d'être prof d'anglais pour pouvoir accrocher au mur de ma salle de classe des posters de Big Ben, d'Élisabeth II, d'autobus à impériale et de Scots Guards. Ils ont de la chance, les profs d'anglais. Ils ne font pas cours : ils invitent à prendre un thé chez la reine tout en faisant observer l'avancée du brouillard sur la Tamise. Le matin, ils disent *good morning* à leurs élèves au lieu de demander le silence en français. Vernis. Ils ont tout pour eux. Sur fond de paysages irlandais ou écossais, ils font rêver. À l'autre bout du couloir, c'est une tout autre histoire : point de jolies tuniques rouges et de bonnets noirs en poil d'ours chez le prof de maths qui s'oblige à punaiser sur ses murs ses tristes identités remarquables. Point de Tower Bridge chez le prof de SVT qui n'a rien trouvé de mieux que d'épingler au-dessus de son tableau l'écorché d'une souris verte qui ferait mieux de courir dans l'herbe. Chez le prof d'anglais, en revanche, harpe celtique et cornemuse, kilt et whisky. De quoi aguicher sec son auditoire. C'est injuste.

AMÉNAGER SA CLASSE

J'ai donc longtemps rêvé d'être prof d'anglais... jusqu'au jour où j'ai été reçu dans le bureau d'un proviseur qui m'a ouvert les yeux : on ne peut pas vraiment espérer que ses élèves se sentent bien dans sa classe si l'on ne s'y sent pas bien soi-même. Assez vrai, sans doute. Pour sa part, ce chef d'établissement atypique, en fan inconditionnel des Rolling Stones, avait orné les quatre murs de son bureau d'une belle quantité de pochettes de disque de son groupe de rock favori. Sans complexe. *Let it bleed, Tattoo You, Steel Wheels, Dirty Work, Exile on Main Street, Some Girls...* sans oublier l'étonnante création d'Andy Warhol pour le disque *Sticky Fingers.* Pendant notre conversation, je ne pouvais m'empêcher de me demander comment cet homme s'y prenait pour passer un savon à un perturbateur multirécidiviste ou pour recevoir des parents d'élèves inquiets pour l'avenir de leur enfant dans un cadre aussi insolite et décalé. Mais en sortant de là, quelques mots échangés dans les couloirs avec des élèves et des professeurs m'ont fait comprendre que ce grand admirateur de Mick Jagger et de Keith Richards était un homme respecté et estimé et qu'il dirigeait son lycée avec beaucoup d'habileté.

S'APPROPRIER SA SALLE DE CLASSE

Cette visite instructive m'a d'abord fait prendre conscience de la nécessité de remanier au plus vite le décor de ma propre salle de classe. Ma vieille carte de l'Union européenne, cornée à souhait, et mes antiques frises chronologiques ont pris la direction de la poubelle et j'ai repris mes murs en main, comprenant que travailler dans un cadre agréable n'avait rien de scandaleux. Einstein s'est mis à tirer la langue à côté de l'affiche du film *Little Miss Sunshine*, de cartes postales signées Plonk et Replonk, de pochettes de disque du groupe Yes et d'une photo de Big Ben plus grande que celle de la salle d'à côté.

Bien entendu, tant qu'à innover, autant aller jusqu'au bout : l'un des quatre murs de ma salle a été réservé pour accueillir les affiches apportées par mes élèves et c'est ainsi que j'ai pris l'habitude de faire cours sous le regard de Lionel Messi, d'Al Pacino et autres grandes figures contemporaines. C'est une habitude à prendre.

Ayant bien observé la nouvelle déco pendant quelques jours, Amine S. n'a pas manqué de proposer sa touche personnelle :

– Valbuena, on peut, m'sieur ?

– Oui, bien sûr. Si tu veux.

Permettre aux élèves de s'approprier leur salle de classe est un bon moyen pour qu'ils s'y sentent bien. Or, on sait que plus ils sont en confiance, plus ils sont réceptifs. Le plaisir d'apprendre passe aussi par là. Étudier aux côtés du footballeur Valbuena donne, par exemple, l'idée qu'avec beaucoup de volonté et une bonne vision du jeu insufflée par le professeur capitaine, chacun est capable de faire des exploits.

– Alors... j'ai aussi Rihanna et Alicia Keys... Je peux les afficher là ?

– Heu... Amine... Attends, attends... Ça dépend... Et il n'y a plus trop de place, tu vois ? Peut-être plus tard. On verra. En plus, je manque de punaises.

– Juste Rihanna, alors ? Je l'affiche ici ?

SE FAIRE PLAISIR

Il n'est pas question, ici, de faire un quelconque procès aux planches didactiques, qui ont leur utilité, mais de se mettre quand même un peu au parfum. Aujourd'hui, si faire le poids dans la course aux images reste illusoire, il n'est pas interdit de se faire plaisir à l'école.

J'ai longtemps demandé que l'on remplace la sonnerie inutilement criarde qui rythme de façon agressive la vie de mon établissement par une sonnerie agréable du style carillon de cloches, *ré, fa, la, do*. Sans succès. Mais si je n'ai jamais été suivi dans ce projet qui contribuerait pourtant nettement à l'amélioration du cadre sonore collectif, rien ni personne ne m'interdit d'améliorer mon cadre visuel personnel. Ainsi, le professeur passionné de littérature médiévale, d'astronomie, d'équitation ou de cuisine vietnamienne a tout loisir d'en faire profiter ses hôtes, en images. Il serait dommage de ne pas rivaliser avec les profs d'anglais !

Les bons réflexes

- *Welcome home!* Créer un cadre chaleureux permet de mettre les élèves en confiance et de leur dire : « N'ayez pas peur de venir dans ma salle… »

- Dans la lutte qui oppose Keith Richards aux identités remarquables, se faire plaisir a des avantages : rien de pire qu'un lieu impersonnel, sans âme, sans caractère. Rien de mieux qu'un lieu où l'on apprend à se connaître, à se laisser quelque peu découvrir… Les élèves sont en effet toujours intrigués par leurs professeurs : « Vous aimez les Rolling Stones, m'sieur ? »

- Plus un élève se sentira « chez le prof », moins il se conduira « comme chez lui ». Et s'il se comporte bien, on aura tout loisir, ensuite, de faire en sorte qu'il se sente aussi bien que chez lui, avec ses propres idoles affichées au mur. Ainsi, dans la mesure du possible et du raisonnable, on peut accepter tout type de posters et de décorations.

- Le plaisir d'apprendre se cultive aussi grâce à des détails annexes hauts en couleur !

Chapitre 4

Comment préserver la concentration des élèves

Autour, il y a un monde qui gêne. Par les fenêtres de ma salle de classe, on voit et on entend tout : des voitures qui passent, des platanes qui s'agitent, des gens qui rigolent. Le monde extérieur est un contradicteur pénible. En pleine Révolution française, le bruit du moteur diesel dénote... Quant au coup de klaxon, il a beau couper l'alexandrin à la césure, il tombe quand même comme un cheveu sur la soupe. Tout ce qui se passe dehors interfère et brouille les cartes. L'imagination de mes élèves est sollicitée sans arrêt par tout ce qui n'a aucun rapport avec le cours : les flocons qu'on voit tomber et qui présagent d'une belle bataille de boules de neige à la récré, le rendez-vous chez le dentiste qui approche, un scooter flambant neuf, une copine qui attend à la sortie, un chat qui miaule depuis ce matin, un carrossier qui s'acharne depuis une heure sur un morceau de tôle et qui ponctue chacune de mes phrases d'un éclat métallique à faire dresser les cheveux sur la tête. C'est à se demander si ce type n'est pas planqué au fond de ma salle, derrière l'armoire.

Pour que rien ne déconcentre mes élèves, il faudrait que le monde extérieur n'existe plus. Ou, au moins, que le mistral arrête d'agiter les branches des arbres et qu'une pénurie d'essence empêche les voitures de circuler. Au moins ça. Ce serait plus facile. Au lieu de cela, tout autour de l'établissement, il y a un monde qui n'arrête pas d'exister. Une vie qui bruisse.

Mention spéciale pour la mouette rieuse des régions littorales : c'est toujours au moment où je hausse le ton, lors d'une crise sérieuse, qu'elle vient pépier à la fenêtre. Anéantissement instantané de mes efforts déployés pour redresser la barre.

S'ISOLER ?

Dans le combat permanent engagé contre l'ennemi extérieur, de quelles armes disposons-nous ? D'abord, de l'isolement. Fermeture systématique des fenêtres. Et lorsque cela ne suffit pas, il convient de fermer aussi les persiennes. Ambiance feutrée, lumière tamisée. Dans certaines zones d'éducation prioritaire, la création d'un cocon douillet et reposant est plutôt bien perçue. Hélas, certaines salles de classe ne sont pas équipées de volets et les vilains rideaux jaunes ne font pas du tout le même effet. Il n'est donc pas toujours possible de créer une atmosphère adéquate, surtout si la classe surexcitée sort de sport et n'a qu'une envie : terminer le match entamé. Dans ce cas précis, on cherchera plutôt à ouvrir grand les écoutilles pour faire respirer son monde et dissiper les odeurs de transpiration.

RIVALISER

Contre les sollicitations du monde extérieur, attitude plus raisonnable à adopter : rivaliser. Mais pas seulement avec les arbres et les klaxons : même si l'on entend dire partout que l'on ne peut pas lutter contre Facebook ou YouTube, on n'a pas d'autre choix que d'essayer.

Entrer en résistance contre Facebook est l'une de nos missions. Molière est là, heureusement, pour nous soutenir dans notre démarche : étudier le caractère d'un Trissotin en perpétuelle représentation peut aider les élèves à examiner d'un œil nouveau l'attitude de certains de nos contemporains qui mettent en scène leurs moindres faits et gestes sur les réseaux sociaux. Et puis nous avons, nous aussi, du matériel performant ! Bientôt, chaque salle de classe devrait être équipée d'un TBI (tableau blanc interactif). Grâce à cet outil aux possibilités infinies, on pourra non seulement écrire et effacer ses cours, mais aussi consulter, ensemble, les derniers tweets de Catherine Hiegel à propos de son interprétation du rôle de Martine dans *Les Femmes savantes*, rendre visite à Stephen Hawking pour tout savoir sur les trous noirs ou entreprendre une visite virtuelle du British Museum...

INVITER LE MONDE

Autre astuce, plutôt que chercher à s'isoler du monde en permanence, on peut aussi l'inviter... Non pas le carrossier ou le fou du klaxon (encore que cela nous ferait des vacances), mais tous les intervenants qui ne demandent qu'à transmettre leur savoir : conteur, acteur, écrivain, mathématicien, astrophysicien, historien, géographe, sociologue, psychologue... Ou pourquoi pas l'alpiniste qui raconte avec tant de passion sa dernière ascension de l'Annapurna ? Leurs apports masqueront les intrusions indésirables.

Maintenant, si cela ne suffit toujours pas, il reste le remède miracle pour échapper à l'incursion fâcheuse : l'excursion...

Les bons réflexes

- Bruits extérieurs gênants, température dans la salle : pour éviter toute discussion interminable, seul le professeur (après avoir écouté les requêtes) a le pouvoir de décider si l'on ouvre ou pas les fenêtres et la porte, si l'on tire ou pas les rideaux, et si un courant d'air est sain ou pas lorsque la troupe surexcitée arrive de sport dans un état de liquéfaction avancé…

- Toujours avoir à l'esprit que c'est le professeur qui décide du moment où une période de calme peut être rompue (pour un travail collectif oral, un bol d'air frais, une pause…). Pour cela, éviter d'attendre la dernière minute : ne pas choisir, par exemple, le moment où le silence est fragile et où les circonstances font qu'il ne peut plus vraiment être respecté. En clair (et c'est particulièrement vrai dans une classe difficile), ne pas attendre de ne plus pouvoir faire autrement… Rien n'est plus profitable, pour le professeur, que de faire cesser (d'autorité !) la période de silence qu'il a exigée dix minutes plus tôt.

- Tableau noir, tableau blanc ou tableau numérique… Quel que soit le type de support, une règle d'or : préparer son tableau avant l'arrivée en classe des élèves (quand c'est matériellement possible, bien sûr). Cela permet d'accélérer le démarrage du cours. Rien de pire, pour le prof, que d'arriver essoufflé en se demandant comment brancher le matériel, où se trouve la télécommande ou tout simplement dans quel fond de tiroir trouver des craies rouges. Ces flottements incitent les élèves à se dissiper. L'énergie dépensée pour rattraper un mauvais départ vaut largement les trois minutes passées à préparer le terrain en amont.

CHAPITRE 5

De la nécessité de hausser le ton

Avec les petits sixièmes comme avec les grands de terminale, pour enseigner en toute quiétude, l'un des principes fondamentaux est de savoir traiter « à froid » les problèmes qui surviennent. Prendre le temps de la réflexion pour ne pas agir n'importe comment. En trois mots : constater, penser, agir. Sans dire qu'il faut attendre d'être chez soi, le soir, au calme, pour être certain de prendre la bonne décision, il faut tout de même se donner du temps. Dans le feu de l'action, si la réflexion fait défaut, on peut vite passer à côté d'une décision juste.

En fait, en situation, la grande et belle théorie révolutionnaire, qui consiste à *penser* afin d'agir sereinement au lieu de laisser parler son instinct animal, ne tient pas toujours la route. En classe, *penser* est une opération pas toujours évidente à mettre en œuvre quand un élève tape sérieusement sur le système. Pour faire sortir le prof de ses gonds, il est le roi. Et quand le prof craque, c'est sa spontanéité qui prend les devants. Or, il ne doit rien entreprendre sur un coup de tête. À ce sujet, Michel Rocard a été, durant sa carrière d'homme politique, l'ennemi de la précipitation. Le spécialiste du report de décisions. Il m'arrive de penser à son attitude lorsqu'une solution doit être trouvée.

DIFFÉRER L'ENGUEULADE ET BAISSER LA VOIX

Tout élève a besoin, un jour ou l'autre, d'une attention particulière, d'une mise au point en tête à tête après le cours, d'un règlement de comptes entre quatre yeux. C'est son jour à lui, et à lui seul. Son heure.

Pas de comparution à la minute, mais un rendez-vous à midi, à la récré, en fin de journée. Au calme. Toute empoignade devant la classe, en présence de tous les copains et copines, risque de n'avoir que des effets pervers. Et s'il y a sanction, elle sera d'autant mieux acceptée qu'elle est annoncée froidement, sans porte qui claque et sans public. En différé. Et en sourdine, autant que faire se peut : passer un savon à un élève sans élever la voix a un effet extraordinaire. Sans doute parce que cela désempare totalement le fautif.

Au début de ma carrière, souvent, je n'ai pas vu d'autre solution que de hurler pour tenter de me faire obéir et de sanctionner sur-le-champ. Cela m'est passé avec l'âge ! Après quelques années à malmener mes cordes vocales, j'ai baissé d'un cran, constatant qu'une réprobation a plus d'impact sans effusion. Et aujourd'hui, à quelques années de la retraite, je me rends compte à quel point engueuler fermement quelqu'un à voix basse – quasiment sur le ton qu'on emploierait pour faire un compliment – a un effet absolument redoutable ! Dans le creux de l'oreille, tout a une chance d'être entendu, y compris la plus sévère sentence.

Avisé, sans doute le professeur débutant peut-il brûler ces étapes, histoire de gagner du temps...

DONNER DU RELIEF À SON COUP DE GUEULE

En ce qui concerne la question particulière de la réduction du volume sonore, autre intérêt, et non des moindres : par contraste, bien sûr, le coup de gueule exceptionnel assorti d'un vigoureux coup de poing sur le bureau – qui rappelle, une fois l'an, qui est le patron – a toutes les chances d'avoir une vraie portée sur son auditoire. On peut même dire, en souriant, que l'unique colère noire de l'année confère à celui qui s'y laisse aller le statut vaguement inquiétant de caractériel qu'il ne faut pas trop aller chatouiller.

– M'sieur, on n'arrive pas trop à savoir... Vous êtes sévère, ou pas ?

Les bons réflexes

- Différer les engueulades pour qu'elles aient plus de poids : mieux vaut privilégier le tête-à-tête que le sermon au beau milieu du cours. En public, devant les copains, l'élève baissera moins facilement les yeux qu'en privé, après le cours.

- Pour calmer un élève qui se met à perturber la classe, un regard et un simple signe de la main sont plus efficaces qu'un cri : l'élève, réprimandé discrètement, trouve une porte de sortie honorable ; il ne perd pas la face devant les autres et il est moins tenté d'en rajouter. En clair, il s'en sort bien...

et, quoi qu'on puisse en penser *a priori*, ce n'est pas un mal, mais un bien pour tout le monde.

- Si une sanction doit être finalement prise parce que l'élève ne baisse pas sa garde, veiller à ce que la punition soit en rapport avec le cours.

- Pour faire accepter plus facilement une punition à un élève particulièrement difficile, il est toujours possible de lui proposer un choix : « Tu me traiteras l'un de ces deux sujets pour demain… » Cette attitude du professeur n'est pas une « reculade », mais le début d'un nouveau dialogue avec l'élève. Le signe que, malgré la punition (sur laquelle on ne transige pas), on demeure à son écoute. La preuve : on lui laisse encore un choix…

- Lorsque l'on a épuisé toutes ses cartouches, une visite au conseiller d'éducation s'impose (l'élève est alors accompagné par le délégué de classe). Mais cela doit être un levier de dernier recours. On ne saurait trop le dire : pour faire la loi dans sa classe, gérer ses élèves soi-même portera davantage ses fruits que d'avoir systématiquement recours à une aide extérieure.

La fausse bonne idée

Toute punition sans intérêt et à but exclusivement répressif : « Tu me copieras cent fois… »

Chapitre 6

Le rôle de l'interro surprise

Idée émise pour la première fois en 1969, puis remise en question quatre ou cinq ans plus tard, la suppression des notes fait toujours débat en 2015. Malgré la difficulté que cela représente, le problème qui se pose est de savoir comment évaluer les élèves en tenant compte des particularités liées à leurs différents parcours et non de savoir si l'on utilise des chiffres, des lettres ou des couleurs pour évaluer... Pour éviter de perdre du temps en se trompant de débat, il est assez instructif d'écouter ce que nous dit ce perspicace petit élève interrogé sur la question :

– Quand on a rouge, c'est qu'on n'a rien compris !

Une chose est sûre, l'évaluation ne doit pas être un sujet tabou. Évaluer connaissances et compétences reste évidemment d'actualité pour juger des progrès de chacun. Quelle que soit sa forme, l'interro n'est pas encore obsolète. Première vertu pédagogique : elle incite les élèves à apprendre quotidiennement leurs leçons et à travailler, ne serait-ce que pour s'émanciper, ultérieurement, de cette exigence de notation systématique liée à tout apprentissage. Faire plaisir à ses parents en rapportant à la maison un maximum de points verts, puis, plus tard, travailler davantage pour soi-même que pour avoir un bon bulletin de notes conduit tout droit au plaisir d'apprendre toute sa vie sans avoir besoin d'être évalué par quiconque.

ÉVALUER SANS PRÉVENIR

Dans le monde des contrôles, il existe un cas particulier : l'interro surprise. Celle-là a l'avantage de contribuer à asseoir l'autorité du prof : elle est sa botte secrète. Un seul problème : pour les élèves, elle est vue comme une véritable perfidie !

Au beau milieu d'un cours, un élève de terminale m'a fait sentir combien ma soudaine décision de faire un contrôle écrit était mal perçue :

– M'sieur ! Une interro maintenant... je trouve ça scandaleux.

Faire accepter l'idée qu'il y aura, toute l'année durant, des interros « surprises » est quasiment impossible. C'est simple, clair et net : comme tout le monde, vous n'y parviendrez pas. Point barre. En début de carrière, voici d'ailleurs un beau et vrai sujet de réconfort : savoir que l'on est soi-même aussi impuissant dans ce domaine que l'ensemble des professeurs de France et de Navarre. On se sent déjà moins seul.

Pour tout élève normal, qu'une interro puisse tomber sans qu'on s'y attende est aberrant. Comment un prof honnête, droit dans ses bottes, chemise boutonnée, coiffé avec un peigne, peut-il être assez tordu pour interroger sans prévenir ? Personne ne peut faire accepter une idée pareille. Personne.

LE PRINCIPE DE CETTE SURPRISE

Cela étant dit, il ne faut pas se priver du plaisir d'en présenter le principe, histoire de se faire un nom et d'enfiler le costume du prof obtus : « Mais puisque je vous dis à l'avance qu'il y aura des interros surprises, vous ne serez jamais étonnés quand ça arrivera. Vous devez toujours vous y attendre puisque je vous préviens que je ne préviens pas. Vous comprenez ? » Sur des petits sixièmes, effet bœuf garanti. L'incompréhension se lit dans tous les regards. Y compris dans les yeux ahuris de celui qui décèle un semblant d'arnaque dans les propos du nouveau professeur. Au lycée, si on est prof de philo, on peut toujours déboucher sur la leçon consacrée à l'absurde.

S'AFFIRMER

La toute première interro surprise a cela de particulier qu'elle permet de montrer ses galons et de poser ses jalons : c'est moi qui décide, parce que je suis le prof, seul maître à bord après Dieu. « Mais on n'était pas au courant que c'était maintenant, l'interro surprise. Vous ne nous avez pas dit ! Est-ce que vous pourrez nous le dire à l'avance, la prochaine fois ? » Etc.

Attention, cependant. Avec une classe réputée difficile, mieux vaut y aller avec des pincettes au départ : « Écoutez... je préfère vous le dire... je ferai des interros par surprise. » Passée la vague de protestations inévitable, l'occasion est offerte au prof de prendre ensuite le contrôle de la situation : « Je tiens à vous préciser, cependant, que je vous préviendrai toujours la veille pour que vous évitiez de vous laisser surprendre. » Cela s'appelle l'art de naviguer en eaux troubles. Et c'est un métier. Un métier qui rentre. Plus tard, on remettra la charrue après les bœufs, mais pour l'instant on se calme, on prend le temps de respirer. Dans une classe difficile, on ne prend pas de risques. On ne complique pas. On planifie...

LA TOUTE PREMIÈRE INTERRO SURPRISE

Revenons maintenant à l'importance de la toute première interro surprise, qui participe à la fondation de son autorité. Posséder le pouvoir quasi magique de faire tomber du ciel cinq questions sur ce qu'on vient de dire tiendrait presque de la sorcellerie. L'interro surprise est le sceptre fantastique, et peut-être un peu incontrôlable, du prof. La baguette capricieuse d'Harry Potter. Un prodige. Si ça se trouve, c'est l'interro qui choisit le prof sans prévenir et non le prof qui choisit l'interro pour surprendre.

Sortez une feuille. Fermez vos classeurs.

Pas là...

Pas maintenant...

Si.

Là et maintenant.

Pour ma part, j'en ai encore le sang qui se fige. Lorsqu'on ne comprend pas bien un cours, c'est une porte qui s'ouvre en grinçant. Une porte sur l'inconnu et le non su.

Quoi qu'il en soit des appréhensions, il ne faut pas hésiter à jouer de l'interro surprise : elle donne une stature au professeur. Ses élèves ne devant jamais douter de l'extraordinaire étendue de ses pouvoirs...

Les bons réflexes

- À l'oral, attention aux pluies de questions ! Le rôle du professeur est de faire en sorte que chaque question posée trouve sa réponse. Il faut donc en permanence calmer le jeu… Un débat d'idées dans lequel chacun pose sa question sans attendre qu'on ait répondu à la précédente est parfaitement stérile.

- À l'écrit, une seule règle pour que l'interrogation se passe dans de bonnes conditions : pendant un contrôle, on interdit toute question. Cette règle essentielle est toujours difficile à faire respecter car les élèves sont extrêmement doués pour faire fléchir le professeur : « Mais ça n'a pas de rapport avec le contrôle… je peux vous demander ça ! », « Mais c'est parce que vous n'avez pas dit si… », « Mais c'est juste pour savoir si… », « Mais il faut bien que je sache si vous ne vous êtes pas trompé dans votre document… ». La fermeté est de rigueur. À partir du moment où le prof a décidé qu'il n'y avait plus rien à dire, s'il répond à une seule demande, même la plus anodine, c'est cuit !

- Comme son appellation traditionnelle l'indique, l'interro surprise a quelque chose d'un jeu. Or, même si les élèves n'ont pas envie de jouer à ce jeu-là, asseoir son autorité avec le sourire du prof tout-puissant qui propose une activité est plus efficace qu'avec la mauvaise tête de celui qui tend un piège.

La fausse bonne idée

L'utiliser comme sanction un jour de tension ou de chahut : par la suite, toute autre interro de ce type rappellerait, par association, l'épisode malheureux, au risque d'enclencher une nouvelle tension, un nouveau chahut.

Chapitre 7

Comment lutter contre le bruit ?

Dans le classement des actes malveillants qui chauffent la bile du prof, le bruit délibéré, le bruit provocateur, le bruit volontaire qui tape sur le système et use les patiences jusqu'à l'os est en bonne position. Un grand classique. Pour lutter, plusieurs solutions...

LA RECETTE DES BOULES QUIES

D'abord, l'utilisation de boules Quies. Elles permettent au professeur de relativiser, de s'isoler dans une bulle insonorisée confortable. Mais il faut bien avouer que sa perception de la classe s'en trouve altérée. Et en cas d'inspection, par exemple, il y a fort à parier que cette trouvaille soit assez mal perçue par son supérieur hiérarchique traditionnellement peu enclin à se taper sur les cuisses avec les professeurs débutants. Plus adéquate, une seconde solution consiste à commencer par revenir aux fondamentaux.

ATTENDRE SON HEURE

Nous sommes en 1951. L'élève Séguedille a une passion immodérée pour les nerfs de son professeur avec lesquels il joue aussi souvent que possible. Son plaisir, bien dissimulé, ne se lit pas sur son visage, mais il n'empêche qu'il est en pleine activité jubilatoire de sabotage du cours.

Topaze, héros de la pièce éponyme de Pagnol, cherche son coupable mais Séguedille est un malin. Difficile à prendre la main dans le sac ! Topaze a beau discourir sur les « nécessités vitales qui nous forcent d'obéir à la loi morale », Séguedille s'en fout royalement. La loi morale, c'est pipi de chat à côté de l'incommensurable plaisir d'emmerder le monde. Bref, Séguedille ponctue chaque sentence du maître de quelques notes tirées d'une mauvaise boîte à musique qui agacent les tympans. Une seule chose à faire, pour le professeur : endormir. Engourdir le coupable. Inutile de crier. Inutile de s'énerver. Inutile de vouloir régler l'affaire dans la minute. Juste attendre un peu... Attendre son heure.

Février 2015. Mon élève Sébastien P. imite depuis quelques jours le bruit de la sonnerie de mon lycée avec son iPhone 6 au point qu'on ne sait jamais si le cours se termine ou pas. Je choisis donc de revenir à cette attitude fondamentale du professeur : savoir patienter. Donner du temps au temps pour être plus efficace. Lorsqu'on a des années de carrière professionnelle devant soi, on peut attendre un peu... Rien ne presse. Sébastien, tout comme Séguedille, un peu trop confiant, va forcément faire le faux pas qui le trahira. Fait et dit, un matin, le bruit de trop survient. Et je repère Sébastien, clac, au moment où il s'y attend le moins. Sans doute ma riposte manque-t-elle de panache sans la plume de Marcel Pagnol mais au lieu de lui confisquer l'iPhone, je préfère changer la donne :

– Si j'avais su que tu étais aussi bien équipé, hier, je t'aurais demandé de te connecter à Internet. Cela nous aurait bien aidés à résoudre ce problème dans lequel tout le monde pataugeait... La prochaine fois, tu m'y feras penser. En attendant, tu ranges ton portable dans ton cartable jusqu'à nouvel ordre.

Cette conversion de l'objet du délit en objet d'utilité publique a eu un avantage certain : celui de laisser à l'élève une porte de sortie et ainsi d'éviter que l'affaire ne monte en épingle.

SURPRENDRE L'ÉLÈVE

Ne jamais perdre une occasion, donc, de perturber le perturbateur : brouiller les pistes du fautif, l'étonner. Éviter, autant que faire se peut, d'avoir l'attitude attendue – confiscation de matériel, deux heures de colle, convocation des parents, mot dans le carnet de correspondance, remarque salée dans le bulletin trimestriel, notification dans le livret scolaire, une ligne dans le casier judiciaire, puis dans la gazette du lycée, puis dans la presse locale –, mais désorganiser les idées du petit malin : troubler le désordre public.

C'est ainsi que j'ai procédé récemment avec Enzo S. Incapable de s'empêcher de perturber ses camarades quand approche la fin d'un devoir surveillé, cet élève a l'habitude de pousser des cris inconsidérés accompagnés de quintes de toux simulées mais néanmoins inquiétantes. Particulièrement en forme en ce moment, il va jusqu'à pousser la chansonnette en interprétant son morceau de rap favori, écouteurs bruyants fichés dans les oreilles… Pas question de le laisser faire, bien entendu, mais le gaillard, mal à l'aise pendant les contrôles, est presque incontrôlable. Pour le dérouter, lui faire gagner quelques fans et lui éviter de perdre son temps pendant les devoirs, je lui ai proposé dernièrement de monter sur l'estrade pour nous montrer ses talents de rappeur entre deux heures de cours. La réponse ne s'est pas fait attendre :

– Vous êtes sérieux, m'sieur ? Je peux ?

Même sans le talent du héros de Marcel Pagnol qui plonge le coupable dans un doute hautement anxiogène, il me semble utile d'utiliser des « punitions » hors norme qui laissent les élèves tout interloqués.

On dit souvent que le professeur n'est pas là pour être aimé. Soit... Mais pour l'instant, quitte à envoyer les grands mots, je préfère dire qu'aussi insensé que cela puisse paraître *a priori*, il n'est pas là pour être compris ! C'est le registre préféré de mon collègue Jean-Michel Zérillo : avec humour, il joue souvent à ce petit jeu qui a le mérite de marquer les esprits :

– M'sieur ! On ne vous comprend pas... On comprend rien, là...

– Vous ne comprenez rien ? C'est parfait... On continue...

– Pourquoi vous dites ça, m'sieur ? C'est pas normal !

Déstabilisant son auditoire, l'ironie acerbe de Zérillo est un exemple très efficace de stratégie permettant d'embarquer les élèves et de les captiver. Aucun élève ne reste indifférent à l'idée que son prof, dont la première vocation est de se faire comprendre, se complaise dans la position extraordinaire de celui qui ne tient pas à être compris... Provoquer un peu son public est souvent la clé pour capter son attention.

Les bons réflexes

Inverser les rôles déstabilise l'agitateur professionnel : si quelqu'un doit être le perturbateur, c'est le professeur et non l'élève. C'est l'enseignant, le maître du jeu. Et comme l'autorité n'est pas innée, il s'agit de réfléchir à une manière de se mettre en scène et de se donner le beau rôle ! Pour cela, quelques conseils, à suivre dès les premières heures de sa carrière :

- Ne pas rester derrière son bureau mais accueillir les élèves sur le pas de sa porte pour leur faire comprendre ceci : « Vous entrez chez moi ! Soyez les bienvenus… »

- Placer sans attendre les plus bruyants au premier rang, en n'omettant pas de présenter ces places-là comme les meilleures, parce que au plus près de l'action… Les places réputées des bons élèves !

- Parler le moins fort possible, ne serait-ce que pour déstabiliser l'élève qui ne sait pas s'exprimer sans crier (et qui devra apprendre à le faire).

- Ne jamais répondre à des questions lorsqu'on a décidé – et signalé – qu'une séance questions était terminée.

- Surprendre. Commencer son cours par quelque chose – si possible – d'inattendu, et non par le point le plus ennuyeux.

- Faire preuve d'une certaine patience : que les élèves produisent un gros travail dans un calme absolu n'est pas forcément pour tout de suite !

La fausse bonne idée

Féliciter avec insistance la classe pour avoir respecté une période de silence : pour un élève, savoir être silencieux est normal, savoir garder son téléphone portable éteint au fond de sa poche n'a rien d'exceptionnel, être attentif à ce qui se dit, rien d'une performance. (En outre, dans ce cas précis, trop d'éloges ont le tort d'amener l'élève à penser que ce qui est présenté par le professeur comme un bel exploit ne saurait être, comme tout exploit, renouvelé indéfiniment…)

Chapitre 8

Comment mettre fin au bruit de fond ?

Quoi que disent certaines voix officielles des bienfaits d'un certain « bruit pédagogique », il est nécessaire d'agir contre le bruit de fond. Il va sans dire que si nous ne sommes plus dans les années 1950 où seules les mouches avaient le droit de se faire entendre, il faut quand même se prémunir – particulièrement en début de carrière lorsque sa réputation n'est pas encore bien établie – de tout risque d'escalade dans les décibels. Pour monter le son, les élèves sont les rois et, sans bouton de volume, un certain « bruit pédagogique » peut se transformer en « vacarme anti-pédagogique » à faire dresser les cheveux sur la tête et à donner la migraine... Au début de ma carrière, pour y remédier, j'ai tenté la prise régulière d'aspirine – en alternance avec des comprimés de Doliprane 1 000 toutes les quatre heures de cours –, mais ce n'est pas une solution viable : en classe, se laisser bercer par un ronron continu n'est pas bon ! On flotte dans un coton où les idées claires cèdent la place aux idées brumeuses. Les médicaments, comme les boules Quies, sont à laisser sur le buffet lorsqu'on part travailler.

Une classe est une ruche. Un élève est une abeille. Bzzz. Bzzz. Bzzz. Sans mesure draconienne prise dès le début de l'année, ça n'arrête pas. Ça butine à tout-va. Bzzz. Bzzz. Bzzz. Il paraît que Jordan a une nouvelle copine ? Bzzz.

Bzzz. Bzzz. Ben oui, je suis au courant ! Tout le monde le sait... C'est Anissa. Tu savais pas ça ? Bzzz. Bzzz. Bzzz.

Halte au bourdonnement !

LA TECHNIQUE DE L'ENFUMAGE : DES EXOS, DES EXOS, DES EXOS

Le prof doit prendre l'abeille par les cornes. Et la solution, c'est l'enfumage. Le professeur se fait apiculteur. À cette différence près que la fumée qui sort de son enfumoir pour masquer les phéromones des ouvrières excitées n'est autre que du travail qu'il donne jusqu'à plus soif. À la place de la paille et des aiguilles de pin qui se consument pour produire la fumée qui va calmer les bavardages de la colonie... des exos, des exos, des exos. Je n'ai jamais connu meilleur remède. Des exos sous le nez comme un écran de fumée devant les yeux. Ne plus rien voir d'autre que son travail. Ne plus avoir le temps de discuter, de pinailler, de se disperser, ou, pire, de discuter avec le prof de l'utilité de pauses régulières pour pouvoir discutailler encore un peu, encore une minute, encore deux minutes, encore une heure...

QUESTIONNER EN PERMANENCE LES ÉLÈVES

En classe, le calme est consubstantiel du travail. Ne pas alimenter, ne pas questionner, ne pas solliciter en permanence ouvre la porte à la dispersion, à la dissémination des attentions, à l'émiettement de la concentration, petits bouts de pain éparpillés sur le rebord de la fenêtre. « Donnez-leur tout le temps du grain à moudre », me dit un inspecteur éclairé, au début de ma carrière. J'ai retenu la leçon. À l'instar de la famille, la classe n'est pas une démocratie. Ici, certaines discussions ne servent à rien : en clair, la discussion de principe sur le principe de la discussion est à proscrire.

N'OUBLIER PERSONNE SUR LE BORD DE LA ROUTE

Sous prétexte de se le mettre dans la poche, accepter qu'un élève un peu pénible ne travaille pas et discute avec son voisin serait suicidaire. Au bout du compte, loin d'être reconnaissant, cet élève en voudra terriblement à son professeur de le conforter dans sa position de bavard. Et si l'on abandonne cet autre élève au fond de la salle parce qu'il ne veut rien faire, il nous en voudra tout autant, lui, dans un mois, dans deux mois..., de l'avoir laissé pour ce qu'il voulait être.

Pour éviter cette situation inconcevable, je me déplace dans la classe pour parler à mes élèves et leur faire comprendre que mon rôle n'est pas de les laisser tranquilles ! Au dernier rang, Jamâl T. est un spécialiste du camouflage. Classeur vertical, écharpe jusqu'au nez, dos rond. Lui, le bruit de fond, il ne demande que ça... Il s'y dissimule avec talent et mène ses petites affaires sous le manteau. Petits trafics classiques : cartes sim de portables, numéros des copines, etc.

– Mais qu'est-ce que vous avez toujours après moi, m'sieur ! Je ne vous embête pas... Je ne fais rien...

– Ce qui m'embête, justement, c'est bien ça. Et si je reste devant toi, là, pour vérifier que tu travailles, je ne vais pas pouvoir m'occuper des autres. Tu vas donc faire comme tes camarades et te mettre à travailler pour ne pas bloquer la situation... Tu n'as pas l'intention de bloquer la situation, n'est-ce pas ?

Au pied du mur, observé par tout le monde, la position de Jamâl devient intenable. Lorsqu'on tient à se faire oublier, rien de pire que de se faire remarquer ! Être, à lui seul, responsable de l'arrêt du cours, c'est faire des vagues. Or, ce qu'il cherche, c'est exactement le contraire. Il se mettra donc à l'œuvre, ne serait-ce que pour s'effacer à nouveau... mais seulement jusqu'à ma prochaine intervention.

Les bons réflexes

- Même si cela semble inutile de le préciser, expliquer que parler sans arrêt empêche d'écouter. Et pour bien ancrer cette idée dans les esprits, soumettre l'idée que le voisin silencieux du bavard a peut-être quelque chose de plus intéressant à dire.

- Donner des repères précis. Pour que les discussions nées dans la cour et dans les couloirs ne se prolongent pas indéfiniment en classe, éviter les approximations dans ses injonctions : créer une rupture nette par un signal unique. En clair, tant que les élèves n'ont pas été autorisés à s'asseoir, ils peuvent parler comme bon leur semble (ne pas commencer par en faire taire certains et pas d'autres, par exemple). Le fait, clairement énoncé, de pouvoir s'asseoir sera associé, pour tout le monde en même temps, au fait non négociable de devoir se taire.

- Faire prendre conscience que ce n'est pas celui qui parle le plus fort qui a forcément raison (en faisant la comparaison avec celui qui tape sur l'autre pour essayer d'avoir raison, on se fera vite comprendre).

- Accepter que les élèves discutent entre eux, ponctuellement, s'ils parlent du cours (il faut donc avoir l'oreille attentive car ils prétendent souvent parler du cours...).

- Le fait de demander la parole en levant la main reste un excellent principe. Même les bavards l'ont compris... Un bavard qui lève la main a le droit d'être écouté. Lui donner la parole, à lui comme aux autres, est la meilleure solution pour qu'il se taise lorsqu'il ne l'a pas.

- Multiplier les exercices sans les rendre interminables : de manière générale, plus ils seront courts, plus les périodes de corrections seront nombreuses et plus le cours sera rythmé, vivant.

- Proposer des séries d'exercices de difficultés variables dans la même séance, et adapter son discours pour que chacun y trouve son compte : « Celui-ci n'est pas facile, c'est vrai, mais celui-là, chacun devrait pouvoir s'en dépêtrer ! »

- Expliquer que seul le calme autorise le fait de travailler à plusieurs lorsque cela s'avère utile.

La fausse bonne idée

En classe, monter le son pour essayer de mieux s'entendre est la meilleure façon de transformer le bruit de fond en vacarme…

CHAPITRE 9

Lutter contre la dégradation du mobilier scolaire

« Du 1er septembre au 30 juin, stage de sculpture sur table, tous niveaux. »

Je suis bien certain de n'avoir jamais fait paraître une annonce de ce type dans la gazette du lycée où j'enseigne et pourtant je constate qu'un élève par-ci, qu'un élève par-là, de temps à autre, enlumine les tables de ma salle de classe. Entêté, sûr de son talent et armé jusqu'aux dents, il creuse des sillons au couteau de poche, au cutter ou à la pointe du compas, laissant libre cours à son imagination.

OBSERVER

Outre les déclarations d'amour faites à son petit camarade, « Dylan le PD », à sa prof d'anglais, « Lagarde la pute », ou au chef d'établissement, « Girard sale bâtard on va te crever », l'artiste inspiré abandonne parfois sa démarche idéologique ciblée pour se situer dans un courant plus conceptuel et sans orientation précise, avec une approche plus détendue, plus apaisée des rapports qu'il entretient au monde et qu'il entend insérer dans la matière afin de l'installer durablement dans la mémoire collective du lycée. Une manière de se consacrer à l'art pour l'art, disons, sans aucun message d'ordre privé, « Merde à celui qui lira », public, « Soirées chaudes 06 24 57 41... », ou politique, « Bahut de merde ». Dans ce cas-là, la saillie devient abstraite : larges tranchées creusées sans intention esthétique ou lignes sinusoïdales du plus bel effet, excavations minimalistes ou puits profonds dans la tranche de la table.

Pour laisser au professeur – toujours prompt à mal juger – le soin d'interpréter sans *a priori* négatif ce qu'il grave dans sa table, l'élève se garde bien de signer ses œuvres. En fait, loin d'attendre une quelconque reconnaissance de son talent, détaché de tout, libre comme l'air, il garde l'anonymat pour entretenir une part de mystère autour de ses abstractions, ce qui lui évite, par la même occasion, de se faire gauler.

Cela étant dit, comme il n'est pas question de demander au ministère de l'Éducation nationale de changer le mobilier scolaire tous les ans, nous devons nous rendre à l'évidence : quitte à empêcher des modes d'expression et à contrarier des vocations, il est impératif de décourager les sculpteurs en herbe.

MENER L'ENQUÊTE

Heureusement, tout autant que les petits vieux, les petits jeunes ont leurs manies. En l'occurrence, ils sont souvent casaniers. Voire pantouflards ! Et c'est une chance pour nous, les profs...

Au fond de ma salle de classe, Jérémy a ses petites habitudes et ne permet à personne de s'asseoir sur sa chaise. Même chose pour Karim qui s'est attribué, à vie, une place au premier rang. Même chose, encore, pour Bastien, l'incontinent chronique qui a choisi l'aile gauche une bonne fois pour toutes (près de la porte), et pour Lucas, le rêveur qui prend ses quartiers d'automne, d'hiver et de printemps sur l'aile droite (près de la fenêtre aux oiseaux). Bref, dans ma salle, personne ne bouge ! Chacun tient à garder sa place, jour après jour, semaine après semaine, saison après saison, et c'est un avantage lorsqu'on mène une enquête.

IDENTIFIER LE COUPABLE

Cette habitude de venir s'asseoir toujours au même endroit est la clé : en l'absence de mes élèves – pendant la récréation ou à la fin de la journée –, il m'arrive de noter l'avancée des travaux sur telle ou telle table. Je cherche, par exemple, le motif inachevé, l'inscription incomplète, interrompue par la sonnerie. À coup sûr, l'auteur aura à cœur de terminer son œuvre, d'y revenir pour la peaufiner, l'améliorer, la déconstruire, la reconstruire. Rodin s'en relevait la nuit. En clair, le coupable revient toujours sur les lieux de son crime. C'est là, à sa place attitrée, qu'on pourra le coincer, dans la seconde ou la troisième phase de création, comme on aurait pu coincer le petit Rodin, obnubilé par l'achèvement de son œuvre.

Note : même si le cas est rarissime, il peut arriver qu'un élève s'essaye à la calcination du matériel pédagogique. Forme dérivée de la pyrogravure, cette technique de dégradation des tables (généralement au briquet) a cependant un défaut : comme il n'y a pas de fumée sans feu, le fautif est repéré en quelques secondes. Comme une table normale – en bois brut ou en contreplaqué – met environ trente minutes pour brûler entièrement, cela laisse le temps de voir venir. En effet, il est rare qu'un enseignant écrive au tableau plus d'une demi-heure sans se retourner vers ses élèves. Nombre d'incendies sont ainsi évités chaque année...

Les bons réflexes

- Demander au fautif qu'il s'excuse auprès de la personne chargée de l'entretien dans l'établissement. Après une mise au point avec cet élève, cette demande est généralement bien perçue, et porte ses fruits.

- Éviter d'écrire trop longtemps au tableau sans se retourner vers la classe.

- Pas de sentimentalisme... Faire effacer par les élèves (avec du matériel adéquat toujours disponible dans l'établissement) toutes les inscriptions sur les tables, même les plus attachantes : « Celui qui peut, agit. Celui qui ne peut pas, enseigne. G.B. Shaw », « Si tu t'ennuies, fais une croix : X x**X** Xx**X** X x **xx** », « Heureux qui comme le fleuve suit son cours dans son lit », « Ici, j'ai souffert. D.R. », « L'amour triomphe de tout. Virgile », « Jordan aime Anissa ».

La fausse bonne idée

Vérifier à mains nues s'il n'y a pas de chewing-gums collés sous les tables.

Chapitre 10

Bannir les projectiles de sa classe

Sans tour de contrôle, il n'est guère possible de régir correctement un trafic aérien. Dans ces conditions, lorsqu'un avion a réussi à décoller, c'est déjà trop tard pour l'aiguiller dans ses manœuvres : à moins d'organiser un détournement, l'avion ne changera pas son plan de vol et se posera sur le bureau du prof. Mauvais effet. À partir du moment où ce bureau sert de piste d'atterrissage, c'est l'autorité du maître qui s'envole. Principe des vases communicants, si on veut. Alors que faire ?

Une seule solution viable : avant que l'avion ne s'envole, dissuader les élèves de le faire décoller (il va sans dire que la prévention vaut pour les autres types d'objets volants. Le morceau de gomme, par exemple, ou la boulette de papier mâché). Cela semble la meilleure solution. Mais cela ne peut pas se faire sans obtenir le plus rapidement possible leur attachement. Mieux : leur estime. Mieux encore : leur considération.

ÊTRE SOI-MÊME

Pour pouvoir faire cours dans un espace aérien dégagé, il est donc très utile de miser sur la loyauté des élèves. Pour ma part, ce que j'ai toujours combattu, c'est *l'envie* de lancer l'avion ou le morceau de gomme. Une question se pose donc : lorsque je suis en train d'écrire au tableau, comment puis-je faire pour passer l'envie d'une attaque en traître ? En faisant confiance et en le montrant par mon attitude. Pas de naïveté, ici, mais du pragmatisme : de toute façon, montrer le contraire n'arrange rien ! Selon moi, faire comprendre à ses élèves que l'on doute d'eux est le plus sûr moyen d'être rapidement trahi. Il m'est d'ailleurs arrivé de faire cette grossière erreur : affirmer haut et fort que j'avais tel ou tel élève à l'œil ! Ce fut sans aucun doute le plus sûr moyen d'être regardé de travers par untel ou untel... En revanche, parler franchement et être soi-même fonctionne assez bien lorsque vient le moment d'être une proie possible, dos aux élèves : « Figurez-vous que ma mère m'a conçu de telle sorte que je ne vois pas derrière moi quand je regarde devant moi. Comme la sole meunière, j'ai les deux yeux du même côté de la tête. Et donc, pour l'adepte des coups de couteau dans le dos, c'est le moment de profiter de cette singularité et d'agir ! »

Pas la peine de chercher midi à quatorze heures : l'affirmation de cette singularité anatomique, bête comme chou mais divulguée comme s'il s'agissait d'une révélation extraordinaire, surprend toujours. Et nous le savons, un élève surpris est un élève conquis. L'adepte des coups tordus s'interroge lorsqu'il m'entend évoquer le risque que je prends d'être attaqué sournoisement. Et un traître qui réfléchit est un gredin à moitié assagi...

Néanmoins, ici, pas de recette miracle. Mais pas de panique non plus : tous les professeurs ont vu, un jour ou l'autre, voler un planeur devant leur nez. Même (et surtout) celui qui affirme le contraire. Le célèbre avion en papier, sans lequel une école n'est peut-être pas une véritable école, a encore de beaux jours devant lui. L'avion... grand classique.

Le très long, très effilé, fin comme le mythique Concorde, magnifique, qui file comme une fusée. Le court au nez écrasé, à l'ancienne, issu de l'école des cocottes en papier, un peu trop lourd, roi du looping, qui pique souvent du nez un peu trop tôt sur la table du fauteur de troubles, comme un boomerang qui signe la faute et dénonce son concepteur.

REPRENDRE LA VEDETTE

Dans ce cas-là, pour le professeur, perdre une occasion de reprendre au vol la vedette serait une faute impardonnable. Il lui suffit de glisser deux mots, mine de rien, à propos de cette nouvelle collision : trois morts au dernier meeting du Bourget ! Pour ma part, il m'est arrivé de donner un nouvel élan au planeur en le lançant par la fenêtre, histoire de tester ses performances dans un environnement naturel, quelle que soit la météo. Cela suffit pour briller. Bref, on a compris : les élèves aiment le prof qui prend des initiatives inattendues, tout comme ils aiment le prof qui fait la leçon, et qui, pour cela, joue son rôle de chef... Un chef qui dort probablement au collège ou au lycée, sur un lit de camp, chaque nuit, et qui mange à la cantine même le dimanche midi.

ÉTABLIR LA CONFIANCE

Nous aurons, bien sûr, l'occasion de revenir sur la question de la confiance à accorder aux élèves car, en plus d'être une source de plaisir lorsqu'elle est établie, celle-ci est utile à tout bout de champ :

– J'ai ma carte bleue dans mon sac, avec mon salaire en liquide. Vous pouvez éviter de toucher à mes affaires le temps que je prenne une craie dans la salle d'en face ?

Pour aller au fond des choses, si l'on sent que la confiance est difficile à établir dans un premier temps, il reste la solution d'écrire au tableau en se tenant de profil pour ne pas tourner le dos à l'ennemi potentiel, et à parler la tête haute pour avoir constamment une vue panoramique sur l'ensemble de la classe. Mais pour autant, il serait mauvais d'oublier de tout mettre en œuvre pour établir le plus tôt possible un climat, une météo favorable : c'est d'abord cela qu'il faut avoir en ligne de mire, du haut de sa tour de contrôle.

ÊTRE DIEU

Éclaircir le ciel. Être, haut perché, le dieu des avionneurs, dans le contexte présent. Celui qui se positionne physiquement face à ses élèves, celui qui juge le travail accompli, et qui choisit, dans sa grande mansuétude, de donner des responsabilités nouvelles au fauteur de troubles (effacer le tableau, ramasser les copies, mais aussi ramasser les papiers qui traînent par terre...). Bref, être le dieu des avionneurs ou de ce que l'on veut... Mais un dieu. Pour dire les choses simplement : si l'on ne veut pas être Dieu, il ne faut pas faire prof.

Les bons réflexes

- Avoir, aussi souvent que possible, une vue d'ensemble du groupe. Pour cela, éviter d'avoir la bougeotte ! L'enseignant qui donne son cours magistral, figé derrière son bureau, n'est heureusement plus d'actualité, pour autant, il doit éviter de faire des va-et-vient incessants dans l'allée centrale et entre les tables. Avoir en permanence des élèves dans son dos incite à la dissipation.

- Être en appui (à moitié assis) sur son bureau, face à ses élèves, ne donne pas, comme on pourrait le croire, l'image d'un professeur « trop cool » qu'on va pouvoir chahuter, mais l'idée d'un professeur à l'aise dans son rôle, qui n'est pas homme ou femme à se laisser marcher sur les pieds. (En revanche, se mettre complètement assis sur son bureau, jambes pendantes, est à proscrire : on risque, là, d'apparaître comme un professeur un peu trop décontracté. La différence peut paraître un peu trop subtile, mais il n'en est rien.)

- Une fois pris la main dans le sac, et éventuellement puni, le fauteur de troubles devrait se voir attribuer des fonctions spéciales par la suite, histoire de repartir sur de bonnes bases : pendant un certain temps, responsabiliser avec tact cet élève-là est important. Il pourra être chargé de distribuer des documents, de gérer le tableau numérique ou, cinq minutes avant la fin du cours, de ramasser les copies… Au choix !

La fausse bonne idée

Ne jamais s'abaisser à ramasser soi-même l'avion en papier qui atterrit au sol. Sauf si l'on n'a pas perdu la main : être capable de lui faire prendre un nouveau départ pour qu'il atteigne la poubelle ou la cour du lycée, après looping, est le meilleur moyen de reprendre la vedette. Ça marche également très bien avec la craie à faire atterrir sur le rebord du tableau, s'il n'est pas numérique…

Chapitre 11

La première sortie scolaire

La première fois que je me suis retrouvé dans la rue avec mes élèves, je me suis demandé pourquoi ils continuaient à m'obéir. Sans mes attributs – cartable, bureau, tableau –, est-ce que je n'allais pas perdre mon autorité ? Est-ce qu'ils n'allaient pas me confondre avec un simple piéton, ou, pire, me prendre pour un copain ?

En classe, les choses sont à peu près claires : il est bien connu que c'est le sac qui fait le prof. Idée reprise par le célèbre pédagogue Jean-Paul Sartre : « Être prof, c'est paraître prof. » D'où sa déduction : être, c'est paraître.

AVOIR CONFIANCE EN SON STATUT

Hors contexte, hors de la classe, à cause de l'absence du cartable du prof comme du plateau qui sert à transporter les bières, la question se pose de plus belle : quand je ne *parais* plus prof – sans mon matériel et mes symboles –, est-ce que je continue à *être* prof aux yeux de mes élèves ? Si je ne veux pas perdre la face dans la rue, cela vaut mieux ! (À ce sujet, j'ai souvent noté que l'un de mes collègues, d'un naturel inquiet, refusait toujours de se départir de son cartable lors des sorties...)

Mais rassurons-nous, pour les élèves, il ne fait *a priori* aucun doute que le prof est excessivement prof, prof de la tête aux pieds, prof quand il dort, prof même quand il fait un barbecue de prof dans son jardin, avec des brochettes spécial prof.

Bref, prof à l'extérieur du bahut comme à l'intérieur.

Il va sans dire qu'il faut tabler à mort sur cette illusion, et ce, jusqu'à sa dernière heure de cours. Quitte à ce qu'au fond du cercueil, à l'enterrement de sa vie de prof, il y ait non pas un homme mort, mais un enseignant qui fait le mort, avant de profiter de sa retraite.

NE PAS PANIQUER

C'est un fait entendu : à l'extérieur de l'établissement, les rôles de chacun ne sont pas remis en cause. Il y a ceux qui commandent, et ceux à qui l'on commande. Cependant, bien sûr, on n'échappe pas à cette réalité : sur la place Saint-Marc de Venise ou en sortie ski dans les Hautes-Alpes, le prof le plus autoritaire sera amené à mettre de l'eau dans son vin et l'élève le plus sage s'encanaillera un petit peu. (Heureusement, ai-je envie de dire.) D'où certains flottements, et une légère baisse de réactivité lorsqu'il s'agit d'obéir. Difficile, alors, de ne pas évoquer quelques risques du métier lorsqu'on se retrouve dans la nature, ou à la rue, avec ses élèves.

Bon.

Pas de panique et du sang-froid.

Lorsque Fiona, Robin et Abdel disparaissent à vélo dans une colline vosgienne, entre Bazegney et Bouzemont, c'est qu'ils font une pause poétique : ils réapparaîtront vite et nous rejoindront en haut de la côte. Jusqu'ici, tout va bien. Mais quand les trois lascars ont la mauvaise idée de faire faux bond au groupe dans le métro londonien à une heure de pointe, c'est une autre paire de manches. Pas de panique et du sang-froid... Il en faudra pour convaincre tout le monde et se convaincre soi-même : non, ils n'ont pas été poussés sur des rails juste avant le passage d'une rame, non, ils n'ont pas été victimes d'un enlèvement, non, ils ne sont pas déjà morts et enterrés. Non, vous n'allez pas être traîné en justice par les pieds pour les avoir quittés des yeux trois secondes. Ils sont bien vivants, et entiers. On va les retrouver, on va les retrouver... D'ailleurs, après trois coups de fil, on les retrouve, à l'air libre, une demi-heure plus tard, entre deux policemen. Fiona, Robin et Abdel se sont égarés un moment mais ont réussi à retrouver leur chemin. Et soudain vous faites un métier merveilleux, la vie est belle, et il fait un temps magnifique, même dans l'épais brouillard de Londres.

Au comble du bonheur, le prof, au lieu de les engueuler, ajoutera encore quelques gouttes d'eau dans son vin.

CALMER LE JEU

Plus délicat à gérer, c'est l'embrouille avec la passante en fourrure, à Rome, le commerçant qui n'aime pas voir autant de jeunes d'un seul coup dans sa boutique, le guide italien décontenancé, à Florence, dans le palais Pitti. Il faut dire qu'à part ma collègue prof d'italien, personne ne parle italien, alors franchement, les explications du guide qui ne parle pas français, hein...

– *Scusate ragazzi, ma non vi interessa proprio quello che sto dicendo ?*

– Qu'est-ce qu'il dit, madame ?

– Il veut savoir si ça vous intéresse, ce qu'il dit...

– Ben non, pourquoi ? Qu'est-ce qu'il veut ?

Pas le choix : il faut savoir parfois user de ses talents de diplomate. Mais il n'est pas toujours évident de trouver les mots justes pour calmer le jeu, apaiser tout le monde. En eaux troubles, on navigue parfois à l'aveugle.

Les bons réflexes

- Éviter en début de carrière d'organiser une virée à l'étranger. Pas loin de l'école, du collège ou du lycée, le musée ouvre ses portes à 9 heures, l'exposition à 10 heures. Et à deux pas, le théâtre ou le cinéma tendent les bras.

- Toute idée d'excursion peut être débattue en classe. Où partir ? Pourquoi partir ? Quand partir ?

- La volonté commune est primordiale : si l'idée d'un voyage vient uniquement du prof, elle sera plus difficile à mener que si l'envie est née d'une concertation générale. La pause (entre deux heures de cours, par exemple) peut être l'occasion de faire des projets et d'en débattre.

CHAPITRE 12

Emmener les élèves au théâtre

Après-midi scolaire au théâtre.

Jérémy L., quatorze ans, assis à côté de moi, s'exprime sans gêne, à voix haute :

– M'sieur, il joue mal, lui. En plus, il postillonne, c'est horrible…

Très embêté, je tente de le recadrer discrètement en glissant quelques mots, à voix basse, dans son oreille :

– Heu… Jérémy, on n'est pas au cinéma, là. C'est une vraie personne qui joue, devant nous… C'est un acteur qui entend ce que tu dis…

LES ACTEURS DE THÉÂTRE

Je me suis toujours demandé où les acteurs trouvaient l'énergie et le courage nécessaires pour jouer devant des classes entières d'élèves qui sont souvent – à l'inverse de Jérémy – moins concernés par ce qui se passe sur scène que par ce qui se passe dans la salle. On sait bien que les théâtres, pour arrondir leurs fins de mois difficiles, doivent ouvrir le jeune public à l'art dramatique, mais tout de même… Quel cran de la part des comédiens ! Dès l'extinction des lumières, juste avant que le rideau s'ouvre, on constate l'étendue du malentendu : l'obscurité, qui offre aux perturbateurs l'occasion de s'agiter sans être repérés, est propice à toutes sortes d'idioties. Je tape des pieds, je tape des mains, je tape mon camarade, je siffle, je crie le nom de ma copine, je crie le nom de sa copine, je crie que j'ai peur et que je veux sortir : pas évident d'obtenir le silence religieux qu'on est en droit d'attendre. Dans les coulisses, les acteurs peinent à entrer dans la peau de leur personnage et se demandent si Jean-Paul Sartre n'était pas complètement cinglé, au fond. Déconnecté du réel, au minimum. Être Élise et Valère, c'est paraître Élise et Valère. Ok. Mais on fait comment si la première scène de *L'Avare* se joue sans eux, et du mauvais côté du rideau ?

Kévin

Allez, Sonia, n'aie pas peur... Je veux juste un petit bisou. Qu'est-ce que tu crains ?

Sonia

Hélas ! Cent choses à la fois : l'emportement d'un père, les reproches d'une famille, les censures du monde ; mais plus que tout, Kévin, le changement de ton cœur, et cette froideur criminelle dont ceux de ton sexe payent le plus souvent les témoignages trop ardents d'une innocente amour.

En clair, du parterre au balcon, ça s'agite et ça discute grave.

Charles Péguy lui-même en conviendrait : aujourd'hui, les hussards noirs, courageux et dévoués, sont moins les professeurs qui travaillent pour la République que les cohortes d'acteurs de théâtre qui jouent pour les élèves. Chapeau bas. Des régiments complets de braves défenseurs de la culture qui affrontent vaillamment des flopées d'ados planqués dans le noir...

PRÉPARER LE TERRAIN

Pour limiter la casse et éviter le désarroi des comédiens et des comédiennes (pourtant blindés), il est indispensable de préparer le terrain, de travailler sur le sujet, en classe, avant de se lancer dans l'aventure. Parce que au théâtre, dès lors que le rideau s'ouvre, on doit entendre les mouches voler.

Au théâtre, non, on ne mange pas de pop-corn pendant la représentation. Non, il n'y a pas de pauses publicitaires. Non, on ne peut pas parler, commenter ce qu'on voit, ni même chuchoter. À ce sujet, du CP à la terminale, d'année en année, il n'y a hélas aucune évolution notable : la consternation semble toujours de mise.

– Quand même, m'sieur... Chuchoter, c'est rien !
– Non. On n'a pas le droit.
– Et si on chuchote doucement ?
– Non.
– Et aller aux toilettes ?
– Non plus.
– Comment on fait, alors ?

Chez les petits, faire pipi relève d'une mécanique bien rodée. On va, on vient. À sept ou huit ans, on se faufile, ni vu ni connu. Rapidité, efficacité. Mais pour les adolescents, c'est autrement plus problématique : ils éprouvent de belles difficultés à bouger leur grande carcasse dans les travées, ce qui engendre toutes sortes de troubles dans le public. Dès qu'ils sont en mouvement, ce sont des meubles encombrants qui écrasent les pieds, bouchent la vue et basculent dans tous les sens. Or, il se trouve qu'être assis au bout d'une rangée de sièges (et si possible à proximité d'une porte, comme nous l'avons évoqué précédemment) ne peut pas être offert à tout le monde. Or, comme quatre-vingt-dix à quatre-vingt-quinze pour cent des ados souffrent de ce lourd handicap qui les oblige à aller aux toilettes sans arrêt, il faut anticiper : avant de rentrer dans la salle, je ne manque donc pas de me renseigner sur l'évolution de leur maladie incommodante, ce qui les rend un peu honteux et refrène les fausses envies pressantes une fois que l'on est installés dans la salle.

– Au fait, on m'a dit que ça n'allait pas mieux, tes problèmes d'incontinence, Antony ?

– Quels problèmes, m'sieur ? J'ai pas de problèmes...

– Ah bon ? Mais la dernière fois, pourtant, il m'avait semblé... Mais je dois me tromper. C'est peut-être quelqu'un d'autre...

FAIRE JOUER LA COMÉDIE AUX ÉLÈVES

Pour préparer la sortie, il est toujours bon de lire, d'étudier et surtout de faire jouer la comédie aux élèves, en classe. N'hésitez pas à profiter du fait qu'ils adorent monter sur les planches de l'estrade pour leur permettre de faire semblant d'être des acteurs. Jouer au comédien qui joue son personnage, ils adorent ça. Et pour le professeur, c'est un vrai plaisir de repenser à Sartre : en salle 2, être, c'est bel et bien paraître. Il y a quelque chose d'intrigant à voir Kévin faire l'acteur faire Harpagon.

Jouer la comédie, au collège et au lycée, est un bon moyen de limiter la casse, et de prendre du plaisir le jour de la représentation.

Un signe qui ne trompe pas : à la première scène de l'acte I, si personne ne rigole en entendant Élise parler du *sexe* de Valère, c'est gagné. On ira jusqu'à la fin sans heurt. On ira même jusqu'à travailler en classe, plus tard, sur le dénouement qui a bien fait rire tout le monde et qui, en cela, est parfaitement conforme à l'esprit des comédies de Molière dans ce qu'elles ont de plus invraisemblables, parfois.

– M'sieur, franchement, à la fin de la pièce, quinze coups de théâtre en deux minutes, c'est n'importe quoi !

– Oui, Jérémy.

Les bons réflexes

- Bien faire prendre conscience de la différence entre une scène de théâtre, horizontale, avec des gens dessus, et un écran de cinéma, vertical, avec des images qui défilent. La distinction à faire est moins évidente qu'on ne le croit, notamment dans la tête des plus jeunes, la 3D étant, finalement, beaucoup plus réussie au théâtre qu'au cinéma !

- Il n'est pas inutile de rappeler qu'au cinéma, lorsqu'on mange du pop-corn, on dérange seulement ses voisins, mais qu'au théâtre le moindre papier de bonbon froissé entre les doigts pose un vrai problème aux acteurs.

- Donner ses consignes avant d'être sur place, à cause de l'excitation liée à l'arrivée sur le théâtre des opérations.

* Après la représentation, aller à la rencontre des acteurs sortis de leur rôle mais encore grimés. Pour certains élèves, cela peut créer un vrai déclic.

* Les élèves ont généralement le goût de monter sur l'estrade, de faire le prof à la place du prof : avant d'aller voir une pièce, ou de retour en classe, ne pas hésiter à les faire jouer… (Des pièces spécialement écrites pour les scolaires existent, mais avec des adolescents – quel que soit leur niveau – il ne faut sans doute pas négliger de faire jouer des scènes tirées du répertoire classique.)

Chapitre 13

Organiser une sortie au cinéma

Quand on est au théâtre, il faut se taire. Autant que lorsqu'on est en classe. Le théâtre, c'est comme un cours avec plein de profs sur l'estrade. Avec davantage de décors, bien sûr, mais dans le principe c'est la même chose. L'élève-spectateur reste à sa place : il écoute et ne bronche pas. Et quand le rideau se lève, l'ambiance doit être aussi lourde que lorsque le prof s'est levé de mauvais poil et qu'il s'assied à son bureau en faisant la gueule. On écoute et on se tait. Fin immédiate des bavardages, fini la rigolade. Ce n'est jamais gagné d'avance mais dès lors que les acteurs s'avancent sur scène, la pression dans la salle doit être maximale. Quand Scapin fera marrer tout le monde, tout à l'heure, il sera toujours temps de se détendre, mais pour l'instant, l'heure est au calme.

Assez simple à faire comprendre à des élèves même si la partie n'est jamais facile à jouer.

Au cinéma, c'est une autre paire de manches...

L'écran du ciné n'est rien d'autre qu'une télé plus grande que celle du salon et lorsque j'explique qu'il faut se taire pendant le film, mes arguments, qui tenaient pour le théâtre, ne tiennent plus du tout la route ici.

– M'sieur, chez moi, quand je regarde la télé avec mes parents et mes frères et sœurs, tout le monde discute.

Même mon père, il parle tout le temps. Pourquoi vous voulez qu'on se taise ?

– Pour être concentrés sur l'action, sur ce qui se passe à l'écran...

– Mais m'sieur, c'est un film... Ils ne nous entendent pas, les acteurs. Ils ne vont pas s'arrêter de jouer parce qu'on parle, hein !

Exact.

ENSEIGNER LE RESPECT

C'est vrai... les acteurs ne vont pas s'arrêter de jouer. Mais il faut quand même enseigner : respect de l'œuvre, respect de l'auteur. Une leçon d'humilité est toujours bonne à prendre :

– Tu sais, Hakim, cette œuvre a été pensée par un auteur, écrite par un scénariste, tournée par un réalisateur... Quelque chose me dit que ce que tu racontes à ton voisin est moins intéressant que les dialogues du film, par exemple. Écoute et tu me diras à la fin de la séance si j'avais raison ou pas.

C'est un message clair qui est toujours bien perçu.

Le deuxième élément à expliquer est plus simple encore : respect des autres spectateurs.

– Si l'on gêne le public à cause de notre mauvaise attitude, on ne fera plus de sorties cinéma.

Net.

Le message passe comme une lettre à la poste.

EXPLIQUER L'IMPOSSIBLE

Ensuite, il faut aussi tenter d'expliquer l'impossible : empêcher l'élève qui a déjà vu le film avec ses parents de raconter toutes les scènes avant qu'elles n'apparaissent à l'écran. Il ne faut pas avoir peur d'insister lourdement là-dessus malgré les demandes appuyées des camarades qui le pressent de dire ce qu'il sait de l'histoire (aussi étrange que cela puisse paraître) et comment le film va se terminer (si, si).

– Mais m'sieur, je ne comprends pas. Je le sais, moi, ce qui va se passer, alors pourquoi vous ne voulez pas que je leur raconte ?

– Parce que cela n'aura plus d'intérêt pour eux.

– Mais si, m'sieur ! Comme ça, ils savent ce qui va se passer. Vous voyez ? C'est intéressant, pour eux, de savoir. Vous n'avez qu'à leur demander, vous verrez... Et vous, vous n'aimez pas savoir ?

Prof est le plus beau métier du monde et on doit s'y engager avec le sourire. Dès la première heure, dès la première semaine, dès la première séance de cinéma, on ne regrette pas le détour. Expliquer, réexpliquer, expliquer encore... jusqu'à ce que les bras en tombent de plaisir.

Les bons réflexes

- Éviter d'aller voir *Topaze*, même si le charme de la vieille pellicule, la performance de Fernandel et le texte délectable de Pagnol sont une belle occasion, pour les élèves, de voir autre chose que *Saw 6* et *Transformers 7*. Pour la première séance, inutile de prendre trop de risques. Si le film choisi pouvait être en couleurs et relativement récent, on lui trouvera, sans doute autant qu'à *Topaze*, des tas de qualités et même une visée pédagogique pertinente !

- Prévoir une visite de la salle des machines, projecteur, installation générale, ainsi que la bobine du projectionniste. Cela permet de découvrir les coulisses d'un cinéma de quartier et d'appréhender sa dimension technique.

- Une fois dans la salle, interdire l'accès aux deux rangées du fond : l'une sera réservée aux professeurs (dos au mur), l'autre aux perturbateurs qu'on prendra soin d'aller cueillir dans la salle (au besoin pendant le film) pour les aligner juste devant soi et les planter là, en joli rang d'oignons.

- Refuser tout bruit : tout se joue pendant les deux ou trois premières minutes du film. Attention, cependant, à ne pas trop intervenir pendant les toutes premières secondes car, comme au théâtre, l'arrivée de l'obscurité provoque traditionnellement quelques effusions. À noter qu'une intervention trop musclée dans ces tout premiers instants excite les élèves au lieu de les calmer.

Chapitre 14

Mettre fin à une bagarre

La première bagarre qu'on doit arrêter, on s'en souvient longtemps. De loin, elle ressemble en tout point à celles qui ne nous concernaient pas, lorsqu'on était soi-même collégien ou lycéen : deux imbéciles qui se fracassent le crâne une fois de plus, au fond de la cour, pour plaire aux filles. Peu d'impact dans sa propre vie, ma foi. En revanche, on est davantage marqué par la sienne, sa première, celle qui nous force à entrer dans la danse parce qu'on est le prof responsable de ses élèves et qu'on ne saurait rester bras croisés lorsque Jordan et Bastien s'empoignent pour les beaux yeux d'Anissa.

INTERVENIR

Une seule attitude possible, donc : s'interposer. Pas le choix. Il faut aller au charbon. Intervenir.

Hélas, séparer deux élèves qui en viennent aux mains, pour une raison sentimentale ou purement sportive, n'est pas une mince affaire, et je crois pouvoir dire qu'on ne s'engage pas dans le métier parce qu'on rêve d'attacher à son col de chemise l'élégant petit nœud papillon noir qui est la marque distinctive des arbitres de boxe. Même s'il est très joli. Pourtant, il faut bien se rendre à l'évidence : un jour ou l'autre, le prof est amené à séparer deux adversaires à cran. Il doit même intervenir de toute urgence lorsqu'un poids lourd s'en prend à un poids plume, négligeant ainsi les règles élémentaires de l'art du combat, ou, pire, lorsque la petite frappe teigneuse d'un mètre dix-huit n'a rien trouvé de mieux que de mettre à bout le plus volumineux de ses camarades – le cas est courant. Bien entendu, en règle générale, aucun des deux opposants n'a pris soin de prendre des gants et l'étripage se fait à mains nues, ce qui rajoute forcément du sel.

Warning ! Warning ! Il y a bel et bien urgence.

S'INTERPOSER PHYSIQUEMENT

Dans la grande majorité des cas, la simple voix du professeur suffit à calmer le jeu. Mais il faut bien reconnaître que, parfois, les mots ne suffisent pas : une image devant les yeux est nécessaire. C'est notre société qui veut ça. L'image est partout. Bref, il faut entrer dans la danse.

Dès lors que le professeur grimpe sur le ring, il se passe quelque chose d'étrange, et c'est, ma foi, une expérience à vivre au moins une fois dans sa vie. Je me souviens que la première fois je n'en menais pas large : pour tout nœud papillon officiel, je n'avais qu'une vague écharpe beige à carreaux autour du cou. Séparer deux combattants dans ces conditions n'est pas aisé. Mais il y avait urgence... Pour les deux rivaux aveuglés par la haine, la vision soudaine du prof entre eux, juste en face de leurs poings serrés, a quelque chose d'extraordinaire. Encore un peu et je frappais mon professeur de français. Un direct du gauche en pleine gueule. Mon professeur de français. Mais qu'est-ce qu'il fait là, mon professeur de français ? Où suis-je ? Qu'est-ce que j'étais sur le point de faire ? La tournure qu'ont failli prendre les événements fait revenir dare-dare à la réalité. Après le coup de chaud, sueurs froides d'angoisse.

Généralement, c'est comme cela que ça se passe. Bien sûr, il tombe sous le sens que si la bagarre prend une dimension exceptionnelle, le professeur doit agir tout en restant sur ses gardes. Mais l'accident grave est assez rare pour mériter un passage au 20 heures et je ne laisserai dire à personne qu'il est courant que des professeurs se fassent frapper par leurs élèves.

Au-delà d'être parvenu à calmer le jeu, le professeur aura gagné sur toute la ligne... Sa propre image s'en trouvera valorisée : les élèves respectent instinctivement le prof qui retrousse ses manches. La plupart du temps, d'ailleurs, ce respect s'accompagne d'une aide de leur part, ne serait-ce que par fierté bien placée : on ne va tout de même pas laisser le beau rôle uniquement au prof...

SANCTIONNER

Évidemment, une fois les hostilités terminées, il n'est pas besoin d'ajouter qu'une sanction sévère s'impose. La loi de la jungle ne passera pas à l'école.

Les bons réflexes

- En cas de bagarre, pas d'autre choix, suivant son poids, que d'intervenir d'une manière ou d'une autre. Physiquement ou par la parole.
- Si la bagarre a lieu à l'entrée de la cantine pour une question de place dans la file d'attente, évoquer le fléau de la faim dans le monde. Ne pas

perdre une occasion de remettre les choses à leur place et d'inciter à la réflexion.

- Si la volée de bois vert a lieu dans un couloir, on peut bénéficier de l'aide précieuse d'un collègue. Choisir, de préférence, l'athlétique professeur d'éducation physique qui s'intéresse de près à la nouvelle prof de dessin, et qui fait toujours un détour par là avant de rejoindre son gymnase.

La fausse bonne idée

Faire « mousser » l'affaire en menaçant les bagarreurs de manière déraisonnable ou en prenant à témoin les autres élèves.

Chapitre 15

Que faire des fameux ouvreurs de portes ?

Pour en avoir ouvert souvent dans ma vie et comme je suis parti pour continuer à le faire jusqu'à la fin de mes jours, je prétends qu'ouvrir une porte n'est pas un plaisir. J'ouvre, je referme. Aucune émotion particulière, pas le moindre frisson, aucune satisfaction, rien.

Lui, si.

Il adore.

Il a même une passion pour ça.

C'est le casse-pieds de service. En passant dans le couloir, il ouvre les portes des salles de classe, et s'échappe. Un vrai penchant pour ce divertissement gratuit, aussi stupide qu'agaçant. Un jour, il l'a fait. Pour voir ce que ça faisait. Et puis il ne s'est plus jamais arrêté. En quelques années, une œuvre colossale ! Des centaines d'ouvertures de portes à son actif : quand il est en forme, il fait toutes les salles du niveau 1, avant d'attaquer le niveau 2.

Gag classique mais qui fait toujours son effet. Perturbation du cours assurée puisque le prof doit arrêter sa leçon, regarder dans le couloir pour tenter de repérer qui a fait le coup (mission impossible car le petit malin bénéficie de l'effet de surprise et court très vite), refermer la porte, faire revenir au calme ses élèves qui ont profité de l'occasion pour s'agiter, reprendre là où il en était resté.

INVITER LE PETIT MALIN

Dans ce domaine, il existe des variantes. Celle du puriste, d'abord, qui signe son forfait d'un basique : tu ouvres, tu te tires. Mais il existe aussi des manières plus élaborées de fonctionner. L'un pourra, par exemple, ouvrir la porte et se présenter comme un nouvel élève. Généralement, cela se produit à la fin de l'année scolaire, quelques heures avant les grandes vacances... Un autre, plus culotté encore, pourra entrer pour demander l'heure à un camarade. Ou un stylo. Ou deux euros pour acheter une canette de Schweppes au distributeur de boissons. Un autre encore pourra faire semblant de se tromper de salle trois fois de suite.

Une seule manière de lutter efficacement contre ce fléau : ne pas suivre son instinct qui consiste à vouloir expulser celui qui est venu pour amuser la galerie en cherchant, justement, à se faire expulser. Mais, bien au contraire, intégrer, absorber, prendre l'amuseur public à son propre jeu : « Tu veux entrer dans ma salle ? Entre et sois le bienvenu. »

La dernière fois que j'ai joué à ce jeu-là, au mépris des strictes règles de sécurité, j'ai donné un tour de clé dans le dos du petit rigolo qui était entré dans ma salle sans y être invité. Que mon chef d'établissement me pardonne, j'ai opté pour cette solution interdite par le règlement pour avoir le temps de cuisiner l'importun sans qu'il puisse s'échapper. Mais quoi ? Quitte à nous rendre une visite surprise, autant que le petit malin profite de mon cours, non ?

– Prends une chaise et mets-toi à ton aise, là, à cette table.

– Non, m'sieur, c'est bon, je m'en vais...

– Prends cette chaise, et assieds-toi à cette table, ici. Tu seras très bien, ici.

– Mon prof, il m'attend, m'sieur ! Je ne peux pas rester... Il va me mettre absent...

– Si tu veux sortir assez rapidement, tu devrais m'écouter.

Là, bien sûr, je n'ai pas manqué de tester son niveau en français, en anglais et en mathématiques.

– Vous êtes prof de quoi, m'sieur ?

– De français, d'anglais et de mathématiques. Pourquoi ?

Sans l'humilier, le ridiculiser un peu m'a semblé de bonne guerre.

– Comment ça, tu ne sais pas résoudre cette équation du second degré ? Bon, alors lis-moi ce texte... On va voir si tu es meilleur en français.

Ce jour-là, une seconde sanction est tombée d'elle-même : mes élèves (notamment amusés par le tour de clé) n'ont pas manqué de le chambrer, eux aussi, et de faire en sorte que le gag tourne court pour l'élève pris au piège.

ENFONCER LE CLOU

Il m'est également arrivé, pour bien marquer le coup, d'installer un intrus de ce genre dans un coin de ma salle de classe et de faire mine de l'oublier. La reprise du cours normal de la leçon a eu pour effet de le rendre très inquiet : au bout de deux petites minutes, il a fini par se demander ce qu'il faisait là, en terre inconnue, montré du doigt par les autres. J'ai eu beau jeu d'intervenir (mollement) pour le défendre et empêcher (un peu) les quolibets à son encontre, avant de le libérer.

La recette est bonne, oui : faire mariner le fâcheux à feu doux, thermostat 7, et le sortir du four au moment voulu, histoire qu'il emporte un chaleureux souvenir de son stage en salle 2.

LÂCHER PRISE

En réalité, c'est bien sous sa forme originelle que cette activité est la plus difficile à combattre. La forme défendue par le puriste... ce maudit furtif, impossible à coincer. Celui qui ouvre la porte et s'enfuit dans le couloir sans avoir été vu. Celui-là, si je l'attrape ! Mais voici un autre sujet de réconfort pour le professeur débutant : cet élève-là, infatigable, rapide et malicieux, renard monté sur baskets à ressorts, personne ne l'attrape jamais... Ni après trente ans de carrière, ni après deux jours de présence dans son premier établissement.

Le malin court depuis cent ans, toujours aussi jeune, de collège en lycée, sans jamais se lasser de sa bonne blague. Il ne s'arrêtera pas.

Qu'on se le dise une bonne fois pour toutes au lieu de s'énerver : celui-là, il a un don. Un don qu'il entretient même quand l'école est finie, d'ailleurs : pour lui rien n'est jamais terminé. Au contraire ! Après l'école, une autre vie commence : c'est lui qu'on retrouve, dans la rue, méthodique, fidèle à ses convictions, sonnant aux portes de la terre entière pour énerver tout le monde, avant de prendre la fuite.

Les bons réflexes

- Se dire que personne n'attrape jamais l'ouvreur de portes professionnel… Celui qui se tire !
- Inviter celui qui fait juste mine d'entrer et l'associer au cours, de manière à déjouer ses plans.
- Relativiser !

Chapitre 16

Lutter contre le vol

– M'sieur, je ne retrouve plus mon classeur. Je crois bien que quelqu'un me l'a piqué.

– Ce n'est pas sûr. On va peut-être le retrouver. Il est de quelle couleur, ton classeur ?

– Gris métallisé.

– Ah... Eh bien, on va le retrouver. Un classeur gris métallisé, ça ne passe pas inaperçu. On va le retrouver, ne t'inquiète pas.

– C'est parce que je n'aime pas garder mon sac sur moi. Alors je le pose par terre. Les autres, ils gardent leur sac sur eux, mais moi, je n'aime pas. Mais quand je le pose par terre, on me pique des trucs dedans.

***

C'est une mode persistante : à cause des vols, les élèves gardent en permanence leur sac en bandoulière. Du matin au soir, par tous les temps, y compris sous la douche, sans doute. Où qu'ils se trouvent, ils ne s'en séparent jamais. Et c'est parfois la croix et la bannière pour leur faire accepter l'idée de s'en détacher un peu, en cours.

Les voleurs errent.

Les larrons rôdent.

Les pickpockets guettent.

L'ambiance est à ce point délétère que je m'attends à ce qu'un jour un élève vienne en classe avec l'un de ces stylos reliés par une chaînette à un socle, comme il en existe au guichet de la poste, au comptoir SNCF et à la banque.

Bref, la confiance règne... Climat tendu !

Mais revenons sur terre. Et commençons par faire la part des choses : si le problème du racket exige une vigilance extrême de la part du personnel éducatif qui doit régulièrement mener des campagnes de sensibilisation pour prévenir ce fléau, les vols *classiques* ne peuvent exiger le même niveau d'alerte de la part des enseignants. Sans minimiser les conséquences d'un vol de téléphone portable, il faut reconnaître que le prof, à cause de sa charge de travail, ne peut pas toujours tout surveiller et s'il n'est pas question pour lui de baisser les bras dans ce domaine, il ne peut pas non plus être au four et au moulin pour régler tous les problèmes du monde : ça, c'est le rôle du conseiller principal d'éducation à qui l'on demande l'impossible en permanence et qui va certainement devenir dingue avant la fin de l'année.

VENIR EN CLASSE SANS MATÉRIEL ONÉREUX

Cela étant dit, pour limiter les risques, quelques mesures simples sont à prendre. Et puisqu'on parle du sacro-saint portable – objet de toutes les convoitises –, prenons l'exemple de ce cas typique : je demande toujours à mes élèves de venir en classe sans téléphone. Bien entendu, une fois que j'ai dit ça, je n'ai rien dit puisque de toute manière les téléphones sont dans toutes les poches... En revanche, je les informe toujours sur les risques qu'ils encourent à venir en classe avec l'iPhone dernier cri, ou avec quoi que ce soit ayant une certaine valeur.

Cela peut offrir l'occasion de les troubler une fois encore :

– Évitez de venir avec la montre à gousset de votre grand-père.

– La quoi, m'sieur ?

– La montre à gousset... Mieux vaut ne pas l'apporter au lycée. Sauf si elle est reliée à un socle. Ou directement à votre grand-père. Mais à ce moment-là, prévenez-moi, qu'on rajoute une chaise.

RENVOYER LA BALLE DANS LE CAMP DES ÉLÈVES

Il reste maintenant une question essentielle : une fois le briquet en or massif bel et bien volé, que faire ? Si le forfait s'est produit pendant son propre cours, dans sa classe : pas le choix... il faut tenter quelque chose.

Pour réussir son coup, la meilleure technique est sans doute celle-ci : avant de monter l'affaire en épingle – et de perdre son temps –, proposer une solution rapide, à l'amiable. En clair, renvoyer la balle dans le camp des élèves, tout en se débrouillant pour qu'ils cèdent à un petit chantage affectif de bon aloi.

Résumé :

1. Je ne veux pas savoir qui a commis ce vol.
2. Entre parenthèses, vous me décevez beaucoup.
3. Comme je n'ai pas envie de faire mener une enquête par la vie scolaire, de faire venir le conseiller d'éducation pour qu'on procède à une fouille des sacs, de mettre l'administration dans le coup, je vous laisse une minute pour que le portable volé revienne à la surface. Une minute. Après cela, je ne réponds plus de rien... Réfléchissez bien.

Je sors alors de la salle afin que les élèves règlent leurs petites affaires entre eux. Je fais cependant attention à ne pas abandonner mon poste... Je me contente d'un éloignement symbolique : porte ouverte, je suis dans le couloir, à un mètre. Distance suffisante pour que le portable volé passe de main en main, à toute allure, sous les tables, dans tous les sens, et arrive sur mon bureau. Ni l'élève dépouillé ni moi ne pourrons savoir qui est le coupable.

Dans la grande majorité des cas, l'astuce fonctionne. Éprouvée avec succès lorsque j'étais maître d'internat et que les vols allaient bon train, parfois, d'un lit à l'autre, d'une armoire à l'autre, cette technique m'a même toujours amusé : l'objet du délit, déposé par une main à jamais inconnue, dans la nuit, sur le seuil de la porte de ma chambre de pion, m'a souvent rappelé les sapins de mon enfance, les matins de Noël.

Les bons réflexes

- Renvoyer la balle dans le camp des voleurs permet d'éviter d'avoir à faire le gendarme. Bien entendu, si la question ne se règle pas d'elle-même, le bureau de la vie scolaire peut entrer en piste pour mener l'enquête. Mais, à distance, parfois à froid, et sans avoir forcément toutes les cartes en main, le succès n'est pas assuré. Pour un règlement rapide et efficace, on n'a jamais trouvé mieux qu'un constat amiable, sans procès-verbal aux conséquences inextricables.

- Autant que possible, procéder au règlement de ce genre d'affaires en donnant ses directives sans crier, en restant calme.

Chapitre 17

Prendre soin des enfants orphelins

Émilio n'est pas un cas isolé : dans la cour de l'école, d'autres orphelins comme lui courent au milieu des enfants de parents divorcés. Et quand vient le grand jour de la fête des Pères ou des Mères, le problème du cadeau se pose. Cela ne se produit, certes, qu'une fois par an mais, n'en doutons pas, c'est un problème de taille : si papa et maman sont séparés, ils ont quand même chacun leur cadeau. Pas compliqué... En revanche, pour Émilio qui n'a plus son père, ce n'est pas simple du tout.

Le papa d'Émilio n'est plus là. Dire qu'il est mort n'a pas vraiment de sens pour un enfant de sept ans. Il faut avouer que pour un adulte, déjà, c'est loin d'être clair. La mort n'est qu'un mot collé vite fait sur une idée creuse, faute de renseignements précis sur le sujet. Une seule syllabe pour se débarrasser de ce machin que personne ne comprend et lui trouver, tant bien que mal, une place dans le dictionnaire, avec définition bricolée en deux secondes.

« Cessation de la vie. »

Tu m'en diras tant...

En fait, avouons-le, chercher cette notion dans le dico n'éclaire les lanternes de personne : pour l'enfant comme pour l'adulte, être mort n'est qu'une vue de l'esprit. En revanche, Émilio a bien compris que son père avait *disparu*. Ce mot-là, celui-là, oui, désigne une réalité tangible.

Disparaître. « Ne plus être vu. »

Je ne vois plus mon père, chaque soir, quand il rentre du travail. Je ne le vois plus, à table, avec nous, quand il est assis en face de moi. Je ne le vois plus quand il passe d'une pièce à l'autre.

Cela n'est pas une idée incompréhensible. C'est, au contraire, parfaitement limpide.

RÉPONDRE AUX QUESTIONNEMENTS DES AUTRES ÉLÈVES

Bien entendu, les petits copains, plus ou moins innocents, plus ou moins espiègles, se chargent de faire le point, en sa présence :

– M'sieur ! Émilio, pourquoi il fait un cadeau, lui, s'il n'a pas de papa ? Ça sert à rien pour lui !

– Si Émilio n'avait pas de papa, Émilio n'existerait pas. Il ne serait pas là, avec nous. Tout le monde a un papa…

Ça calme.

Le fait qu'il soit orphelin de père doit être un sujet parallèle. Une question presque devenue annexe, pour les autres. Oui, son père n'est plus là, à la sortie de l'école. Mais il en a un. Comme tout le monde. C'est le principal. Il va donc lui faire un cadeau.

TROUVER LA PARADE

Bien entendu, si les innocents ont lâché l'affaire, rassasiés, les espiègles peuvent contre-attaquer :

– D'accord, il a un papa comme nous. Mais comme il n'est plus là, il va le donner à qui, son cadeau ? À sa mère ?

Il faut, bien sûr, avoir réponse à tout…

– Ce n'est pas la fête des Mères ! Un cadeau pour son père, ça ne se donne pas à sa mère... Non. Émilio va sûrement l'accrocher au mur de sa chambre, pour penser à son père.

Là, en principe, effet bœuf.

– Mais alors, il va garder le cadeau pour lui ?

– C'est un peu ça. Si tu veux. Il va le garder dans sa chambre.

– Wouah ! Émilio, il va garder son cadeau pour lui...

Grosse impression sur l'ensemble de la classe. Et, ma foi, à défaut d'inspirer de la pitié, ou des sarcasmes, si l'on peut faire envie, ce n'est pas plus mal. En tout cas, pour le couteau remué dans sa plaie, c'est terminé.

Interrogé sur les possibilités de cicatrisation des blessures de l'enfance, Boris Cyrulnik dit ceci : « Une maman confrontée à la souffrance du deuil peut ne pas être capable de protéger son enfant, de lui apporter biologiquement et affectivement la sécurité dont il a besoin[1]. » Pour sa part, Émilio s'en sort sans trop de bosses grâce à une maman tournée vers le monde. Hélas, souvent, cela ne se passe pas aussi bien. Dans ce cas-là, pas question d'« incriminer la mère », bien entendu, précise Boris Cyrulnik, mais il reste vrai que « pour l'enfant meurtri, tout est affaire de rencontres ».

Assurément, un professeur en est une.

---

1. *In* Philippe Meirieu, *Le Plaisir d'apprendre*, Paris, Autrement, 2014.

Les bons réflexes

- Pour mémoire, un enfant sur trente est orphelin de père, de mère ou des deux parents entre 10 et 14 ans (un sur vingt entre 15 et 19 ans). Cette question n'est donc pas anecdotique. Y penser évite toute maladresse du style : « Quand votre père vous dit que… Quand votre maman va travailler… », même si l'enfant ou l'adolescent a pris l'habitude d'entendre cela.

- Se tenir informé auprès de la vie scolaire des accidents de la vie. On n'exige pas la même concentration d'un élève qui connaît une grave crise familiale que d'un autre.

Chapitre 18

Comment s'occuper d'un élève malade ?

Angine, migraine, grippe, bronchite, sinusite... Il n'est pas rare que les élèves se plaignent de toutes sortes de maux et particulièrement au moment des interros. Avant d'envoyer la moitié de sa classe à l'infirmerie, il convient donc d'essayer de faire la part des choses et de trier le vrai du faux, même si ce n'est pas simple : la maladie diplomatique est à la fois la moins facile à déceler et la plus contagieuse.

Ces affections, plus ou moins graves, ne sauraient troubler le déroulement du cours. En revanche, certaines pathologies méritent toute l'attention du professeur...

NE PRENDRE AUCUN RISQUE

Farès B. est diabétique. Il doit régulièrement surveiller son taux de glycémie. Pour cela, il dispose d'une petite trousse contenant une aiguille stérile et un testeur électronique. En classe, à chaque fois qu'il se pique le bout du doigt pour prélever une goutte de son sang, bien sûr, il fait l'attraction ! Arrêt du cours pendant deux minutes. Ici, ma mission n'est pas compliquée : il n'y a rien d'autre à faire que de le laisser réaliser sa petite manip' autant de fois qu'il le désire. Il est possible qu'il en abuse pour amuser la galerie mais tant pis ! Pas question de prendre le moindre risque : lui refuser, une seule fois, et au mauvais moment, cet acte anodin pourrait avoir des conséquences dramatiques.

Plus compliqué à traiter, le cas d'Inès L., sujette à des crises d'épilepsie. Il y a quelques années, cette élève m'a obligé, par deux fois, à prendre des mesures urgentes : alerter l'infirmerie (en envoyant le délégué) et faire en sorte qu'elle ne se blesse pas par des gestes involontaires (son niveau de conscience étant altéré).

Plus courante, la crise d'asthme… Là encore, il convient d'agir rapidement lorsqu'elle se produit. Si les choses ont été bien préparées (à vérifier avant que le cas ne se produise), l'élève dispose de médicaments adéquats à l'infirmerie (Ventoline[2], par exemple). De nouveau, l'élève délégué pourra prévenir sans tarder ce service. Par précaution, il vaut toujours mieux donner l'alerte pour rien qu'attendre que les choses se gâtent !

Au-delà de ce genre de cas qui nécessitent la vigilance du prof, il est un grand classique, franchement désagréable pour tout le monde, mais heureusement pas dangereux pour deux sous…

LE GRAND CLASSIQUE

Quand un élève a mangé un truc qui ne passe pas, il le sent tout de suite après la cantine, dans la cour. Sueurs, nausée, frissons. L'estomac refuse de prendre en charge à la fois l'entrée, le plat de résistance et le dessert car tout cela a été absorbé à toute vitesse et sans discernement. Or, à

2. Ventoline et autres médicaments de secours adaptés à certaines pathologies peuvent être stockés à l'infirmerie, dans une trousse d'urgence personnelle, avec ordonnance médicale et fiche de type PAI (protocole d'accueil individualisé).

partir du moment où le corps rejette l'idée d'un engloutissement aveugle, il est impossible de lui faire entendre raison. À partir du moment où il ne veut rien savoir, rien excuser, rien considérer, c'est foutu. Aussi, pour éviter les blessures morales, quand on sait que l'élève qui vomit en classe a peu de chances d'être considéré comme le héros du jour mais plutôt comme un pestiféré infréquentable, il est bon que le professeur se prépare à faire face à l'indigestion.

C'est vrai que ça libère et qu'on se sent mieux après. C'est vrai. Il n'empêche que les élèves savent qu'il est préférable de sortir et de s'isoler quand on sent que ça vient. Ça n'arrive pas d'un seul coup, sans prévenir. D'abord les sueurs, ensuite la nausée, enfin les frissons. Il existe même un dernier signe avant-coureur qui ne trompe pas : les mains moites, et le stylo qui glisse entre les doigts. Juste après, c'est plié, terminé. L'affaire est faite. Ce n'est alors plus la peine d'essayer de quitter le cours. C'est trop tard pour une opération discrète. Le débordement se fait sur place, à la vue de tous. Si c'est un jour faste, il peut même y avoir un ou deux suiveurs : eux aussi ont mangé trop vite, à la cantine, et s'ils n'avaient pas *a priori* l'idée de vomir, il faut admettre qu'à cause de la vision du jaillissement démoniaque, ils ont maintenant tout loisir d'y penser.

En classe, un vomi n'est jamais agréable. Mais même si cela rebute, le prof est payé par le rectorat pour avancer, s'intéresser, réconforter, dédramatiser, voire égayer l'instant, comme il peut, suivant son imagination, tout en proposant un Kleenex en attendant les secours : seau, serpillière, éponge, sopalin, eau de Cologne. Cela fait partie de sa mission éducative : s'occuper de tous les élèves, y compris les allergiques aux innovations culinaires. Calmer les autres, aussi. Les ricaneurs et les malicieux qui apprendront l'affaire à la récré.

Pour tout élève, vomir en classe est un drame, certes, mais dans le bus, lors d'une excursion, c'est un super drame, à cause de l'exiguïté du lieu, de l'odeur des sièges, du chauffeur patibulaire, des vitres impossibles à ouvrir, de l'interdiction de s'arrêter sur le bord de l'autoroute et des cris des copains surexcités par l'événement. Un ensemble de facteurs aggravants qui crée un petit enfer. Enfer qui, aussi extraordinaire que cela puisse paraître, ne donne droit au professeur à aucune prime, aucune gratification d'aucune sorte de la part du ministère de l'Éducation nationale. Pas le moindre ticket repas.

Les bons réflexes

- Lorsqu'un problème médical survient, c'est d'abord le sang-froid du professeur qui compte. Mais si l'éventualité de tel ou tel type de crise a été correctement envisagée en amont et que l'infirmière a donné correctement ses consignes, il n'y a pas de raisons de s'inquiéter outre mesure.

- Pour ce qui est de Vomito, disons-le : tôt ou tard, le prof a forcément droit au numéro de cirque haut en couleur du copain de Titeuf… Ici, il n'y a pas grand-chose à faire. Juste à se préparer à l'idée que cela se produira un jour. Et savoir, sans doute, qu'exercer une trop grande pression morale sur ses élèves peut favoriser ce type de mini-tragédie puisqu'un élève qui hésite trop longtemps avant d'oser demander la permission de sortir de cours peut perdre le temps précieux qu'il lui faudrait pour atteindre un coin tranquille, au lieu de se donner en spectacle.

- Généralement, en cas de pépin, celle qui sauve, qui console, qui écoute et qui conseille, c'est l'infirmière de l'établissement. Experte en matière de Ventoline, reine du Mercurochrome, grande spécialiste de la température buccale, professionnelle de la tisane au Doliprane, à la récréation, elle guérit efficacement les plus petits bobos comme les plus gros chagrins d'amour. On peut compter sur elle.

Chapitre 19

Que faire face à un élève qui se drogue ?

Malheureusement, tout ne va pas forcément pour le mieux dans le meilleur des mondes.

Dans le fond de ma classe, il y a Lucie. Élève un peu taciturne. Souvent repliée sur elle-même. Pour entendre le son de sa voix, il faut se lever de bonne heure. Toujours un peu à côté de la plaque, depuis trois mois, elle suit rarement ce que je dis et ne prend plus tellement mes cours. Elle semble être dans son monde. L'année d'avant, c'était Julie et Giacomo. L'année d'avant, Amin et Sylvain. L'année d'avant, Kévin, Slimane et José...

Depuis quelques semaines, ça ne s'arrange pas pour Lucie. Ses yeux, toujours un peu rouges, la trahissent. Ce ne sont pas ses paupières qui sont rouges, mais bien ses yeux.

Lucie consomme des trucs pas très catholiques, c'est évident.

ABORDER LA QUESTION AVEC L'ÉLÈVE

Faire de la prévention n'est pas dans les attributions du prof de maths-physique, de latin ou de français, mais plutôt du ressort de la prof d'économie familiale et sociale, du prof de bio, du CPE ou de l'infirmière. Pour autant, ce n'est pas une raison pour faire l'autruche qui ne veut pas voir.

Devant le bahut, depuis que la loi oblige les élèves à fumer leurs cigarettes sur le trottoir pendant les récréations, c'est le rendez-vous des dealers à qui l'on sert sur un plateau les jeunes clients potentiels, plusieurs fois par jour...

En classe, je constate... Je constate que Lucie plonge, tête baissée.

– Ça va, Lucie ?

– Oui, m'sieur, ça va.

– Je ne te sens pas très attentive, en cours. Tout va bien ?

– Oui, oui, tout va bien, m'sieur.

– Il n'y a presque plus rien dans tes copies. J'aimerais qu'on en parle un peu. Je sais bien qu'il n'y a pas que les notes, dans la vie, mais quand on passe de 16 à 4 de moyenne, pour moi, tout ne va pas bien. Tu comprends ?

Les yeux sont rouges, mais, maintenant, les paupières rougissent aussi.

Première approche. Pas évident. Comment aborder la question ? Faut-il vraiment l'aborder, d'ailleurs ? Est-ce dans mes attributions, dans mes cordes ? De mon devoir ? J'en doute encore un peu, mais non : rien de pire que de refuser de voir. Impossible de constater, heure après heure, jour après jour, qu'une situation se dégrade, et de rester les bras croisés.

Même si le prof ne peut pas tout, il prête l'oreille, et il est écouté. Obtenir la confiance, parler. Glisser dans une poche le petit fascicule bien foutu (piqué dans le casier de la prof d'EFS) qui fait le point sur les dangers des différents types de drogues.

Échanger avec l'élève. Un joint contre un bon conseil, d'accord ? Avec humour, avec sérieux, avec ce qu'on veut... trouver la bonne porte pour communiquer. C'est de notre ressort. Parler à la prof d'EFS aussi, bien sûr. À l'assistante sociale.

À l'infirmière. Et ne pas rester seul, surtout si l'on voit que tout se dégrade rapidement.

ABORDER LA QUESTION AVEC LES PARENTS ?

Qu'en disent-ils, les parents ? Sont-ils conscients de ce qui se passe ? La question se pose à chaque fois.

Pendant les réunions parents-profs, il m'est arrivé d'aborder le sujet, avec des pincettes, pour tenter d'expliquer, de donner mon impression, mon sentiment. Pour essayer de faire prendre conscience, j'ai parfois exposé ce que j'observais en classe et fait le parallèle avec des résultats en baisse. L'attitude particulière de Lucie, de Kévin, de Slimane. Les yeux très rouges. Les absences répétées et non justifiées. Tout ce qui met la puce à l'oreille.

Souvent, la première réaction, c'est le regard noir de papa, incapable d'intégrer une idée pareille. Ma fille ? Mon fils ? Tomber là-dedans ? Vous plaisantez !

Plus tard, lors de la deuxième ou de la troisième réunion, le regard noir se transforme et il faut affronter, cette fois, d'autres yeux rouges : ceux des parents.

Les bons réflexes

- Un professeur n'est ni un COP (conseiller d'orientation-psychologue), ni un CPE, ni une infirmière, ni une assistante sociale. C'est vrai. Mais, encore une fois, si une relation de confiance est établie entre un professeur et ses élèves, il serait dommage de ne pas en profiter pour observer, écouter ce qui se dit, et se faire entendre sur des sujets aussi brûlants que celui-là. Il ne s'agit pas, bien sûr, de prendre la place du psy, mais de mettre son grain de sel de façon informelle. C'est le début d'une conversation toute simple qu'il est possible d'avoir avec la petite Lucie, par exemple, qui joue avec un feu qu'elle ne semble pas pouvoir contenir.

La fausse bonne idée

Rester seul avec ce que l'on sait et imaginer que l'on va avoir assez d'influence sur l'élève pour régler seul son problème de dépendance. Il ne s'agit pas de « trahir » la confiance d'un adolescent, bien évidemment, mais de l'aider à parler à d'autres personnes de confiance, plus aptes que le professeur à proposer des solutions.

Chapitre 20

Le premier conseil de classe

Un conseil est un concert. Conseil de classe, concert classique : le chef d'établissement commence toujours par saluer le professeur principal comme le chef d'orchestre son premier violon. Peu après, le premier violon demande au hautbois de donner le *la* comme le professeur principal demande au conseiller d'éducation de donner le ton : accordons nos violons avant de jouer les notes. Pas d'erreurs sur les bulletins ? Tout le monde est là ? Les délégués sont là ? Tout le monde a sa partition ? On peut commencer ?

Maestro, s'il vous plaît...

TENIR SON RÔLE

Avec un peu de chance, une fois de plus, on va rejouer la *Symphonie fantastique* d'Hector Berlioz. Aujourd'hui, cependant, petite nouveauté pour commencer : on accueille le nouveau professeur pour son tout premier conseil de classe. Histoire de le mettre à l'aise, on va lui demander de dire quelques mots, tiens, et de jouer les premières notes du premier mouvement de la symphonie. *Rêveries-Passions*. *Sol, sol, sol, sol*... à la flûte traversière. Comme il se débrouille bien, il est bientôt rejoint par d'autres professeurs, une clarinette et une première brassée de violons. Tout cela est joué *largo*, et en *ut* mineur : en un mot, bonne ambiance. Pour l'occasion, la rêverie prend même des allures de dissipation, de bavardages. Pluisieurs collègues, au bout de la table, se glissent quelques mots à l'oreille :

– Comment va Monique ?

– Ça va, merci. Et Françoise, ça va... ?

Bref, rêveries et passions.

Pour éviter la dispersion, le chef d'établissement remet un peu d'ordre et rappelle qu'on est là pour parler de l'avenir des élèves. Sujet grave, s'il en est.

Ce qui est primordial, pour le nouveau professeur, c'est de faire entendre sa voix jusqu'à la fin du conseil de classe. Ce n'est pas parce que le prof principal va partir, bille en tête, dans une analyse de l'attitude blâmable d'Adrien B., et qu'il sera rejoint par les musiciens les plus en voix, que la flûte n'aura plus son mot à dire. Pas question de se laisser balayer : sans la nouvelle recrue, même discrète, pas de symphonie !

Le grand bal commence. Hautbois et clarinettes sont bientôt rejoints par deux harpes, et d'autres cordes. C'est la valse du conseil, en *la* majeur, qui prend forme. Un, deux, trois, maths, anglais, un, deux, trois, espagnol, un, deux, trois, sciences et vie, un, deux, trois, de la terre.

L'heure n'est pas encore grave. Les noms des élèves défilent, les encouragements tombent, les sanctions aussi. Avertissement travail. Félicitations. Avertissement comportement.

Le nouveau professeur est toujours là, dans un coin de l'orchestre, avec sa flûte traversière. Il tient son rôle, trouve sa ligne mélodique. Qu'il continue donc à bien prendre ses marques et à se prononcer car après le répit offert avec la *Scène aux champs* du troisième mouvement, la tension va monter d'un cran... D'ailleurs, l'orage gronde déjà : les cas les plus épineux arrivent. Untel ne fait rien depuis le début de l'année. Untel sème la panique dans la cour et ne pense qu'à se bagarrer. Peut-on le défendre, lui laisser une nouvelle chance, ou faut-il sévir dès maintenant ? Untel travaille en maths mais se la coule douce en allemand. Peut-on encourager quelqu'un qui choisit ses matières ?

Voici le débat...

DONNER DU SENS

Que signifie, au juste, « encourager » ? Chaque professeur a sa définition. Question cruciale : doit-on encourager un élève qui passe de 4 de moyenne au premier trimestre à 8 de moyenne au deuxième ? Pour moi, cela va sans dire. Ils sont faits pour cela, les encouragements. Pour encourager... Pour que l'élève persévère et poursuive les efforts déjà fournis. Mais pour d'autres, il est impensable de gratifier d'une appréciation générale honorable quelqu'un qui n'a pas la moyenne. Polémique éternelle dans laquelle le nouvel enseignant doit se prononcer. Comme la discussion peut tourner au vinaigre, il est bon qu'il réfléchisse en particulier au sens à donner au mot « encourager » avant d'être au pied du mur. La tension monte, mais il n'est toujours pas question, pour la flûte traversière, de se taire : ce n'est pas le moment de se laisser influencer par le cor anglais en solo, les bassons qui haussent le ton, et les timbales qui entrent en piste. Les professeurs les plus aguerris par des années de pratique ont parfois tendance à rejouer leur partition un peu trop machinalement : untel aurait le profil type du mauvais élève qui ne cherche qu'à nuire. Or, non... il n'y a pas de profil type ! Il n'y a que des cas particuliers. Le délégué est là, d'ailleurs, pour apporter des éléments qui permettront d'aider à mieux cerner la personnalité de l'élève incriminé. Il faut l'écouter... Il joue son rôle.

ÊTRE OBJECTIF

C'est alors que commence le quatrième mouvement, *La Marche au supplice* : on ressort de vieux dossiers, de vieilles rancunes :

– L'année dernière, on s'était bien mis d'accord ! Un élève qui accumule plus de cinq retards dans le trimestre ne peut prétendre avoir les moindres félicitations, même s'il a 17 de moyenne générale. C'est trop facile.

– Tu es sûr qu'on avait dit ça ?

– Sûr.

– Bon, d'accord. Mais c'était l'année dernière... Et si on en reparlait ?

– Si on change tous les ans, on n'est pas cohérents... D'ailleurs, si je me souviens bien, il y a deux ans, c'est toi qui avais proposé les encouragements pour un élève qui n'avait que 8 de moyenne. On s'était expliqués sur le sujet.

– Cet élève suivait assidûment des cours particuliers pour essayer de rattraper son niveau en maths... Je persiste à dire qu'on aurait dû en tenir compte.

– Oui, enfin, je n'ai toujours pas oublié le cas de celui qui prétendait suivre des cours d'anglais, il y a trois ans, et qui ne le faisait pas. En dessin d'art et en éducation physique, il était bon ! Mais pour le reste...

Pour faire traîner en longueur certaines discussions stériles, souvent, les cuivres au coffre puissant l'emportent. Vient alors l'heure des trombones et des tubas, bientôt épaulés par la grosse caisse : les sages qui remettent le train du conseil en route...

La flûte, comme le triangle, là-bas, ne doit toujours pas baisser les bras, même si, parfois, un conseil ressemble à un Parlement devenu fou, ou à un préau d'école. Le rôle d'un nouveau professeur peut être de faire perdre les mauvaises habitudes. Pour cela, il peut poser les questions de bon sens, trop souvent éludées :

– L'appréciation générale proposée pour Joël B. reflète-t-elle de façon objective les appréciations individuelles des professeurs ou est-elle trop orientée ?

– Pourrait-on éviter de considérer certaines matières comme des matières annexes ?

– Pourrait-on prendre la peine d'écouter le point de vue du délégué qui demande à être entendu, même s'il parle moins fort que tout le monde ?

– Sera-t-il possible de revenir sur tel cas problématique à la fin du conseil... ?

ACCEPTER LES DÉRIVES PARFOIS DÉRAISONNABLES...

Hélas, à la fin de la séance, quand chacun est bien remonté, il n'est pas rare que tout le monde s'engueule. Comme au cinquième et dernier mouvement de la symphonie, on se demande un peu où l'on va ! Surtout quand les cloches se mettent à sonner pendant le sabbat. Grande fête des sons et des altercations poussée à son paroxysme par un vigoureux coup de cymbale du proviseur qui vient sonner le glas de la séance sans aucune solennité, comme lors d'obsèques burlesques où l'on aurait voulu réveiller des morts, bien qu'il eût été difficile de s'endormir autour de la table durant cette nouvelle folle session.

Là, il est temps pour le nouveau prof de prendre du recul, et de songer un peu au grand compositeur...

Berlioz. Hector. Treize de moyenne générale. Bon niveau. De bons résultats. Mais vous pourriez faire beaucoup mieux : votre comportement vous nuit. Calmez-vous !

Les bons réflexes

- Halte aux jugements péremptoires ! Ne pas confondre conseil de classe et défouloir. Éviter, par exemple, de se laisser aller à prétendre qu'un élève est un cas désespéré, un enfant irrécupérable, à jamais incapable de faire ses preuves. Et si l'on doit régler ses comptes avec tel ado particulièrement pénible, le conseil n'est pas le lieu approprié pour le dézinguer. Juger un élève n'est pas se venger de lui.

- Comme cela arrive parfois, si le délégué est l'élève le plus en difficulté de sa classe et/ou le plus perturbateur, il est toujours intéressant de se demander pourquoi il s'est présenté, et pourquoi il a été élu. Cela renseigne sur l'état d'esprit de la classe. En tout état de cause, sa présence au milieu des enseignants est sans doute une chance pour lui.

- Cohérence de l'équipe pédagogique : en classe, le prof est le chef, en conseil de classe, on se retrouve entre chefs… Avoir toujours à l'esprit que le but n'est pas de se combattre – surtout en présence du délégué –, mais de réfléchir aux moyens de tirer tout le monde vers le haut.

- Ne pas oublier que le délégué représente sa classe plus que lui-même. Ne pas profiter de sa présence pour lui tirer dessus à boulets rouges, par exemple.

- Ne pas bâcler l'élection des délégués (et du suppléant) : ce n'est pas la fête ! Procéder à l'élection du porte-parole de la classe doit se faire dans le plus grand sérieux : au professeur d'indiquer que pour être correctement représenté (et défendu, le cas échéant…), il vaut mieux ne pas envoyer l'élève le moins concerné ou le plus farfelu. Le délégué sera, de fait, écouté attentivement par l'ensemble de l'équipe pédagogique.

CHAPITRE 21

Comment aborder la question de la laïcité ?

– M'sieur, vous savez, la France, elle ne respecte pas ma religion.

– La France est un pays laïc. Par principe, elle respecte toutes les religions, et...

– C'est la télé qui dit ça ! Mais je ne le crois pas. Ce n'est pas pareil pour toutes les religions, vous voyez ?

– Tout le monde a le droit d'avoir sa religion. Ou de ne pas en avoir. C'est inscrit dans notre Constitution. C'est une réalité. Mais tu préférerais peut-être que la France ait une religion officielle ?

– Oui ! Enfin, ça dépend...

– Ça dépend de quoi ?

– Ça dépend si c'est la mienne...

– Oui, bien sûr... Et si jamais ce n'est pas la tienne ?

– Ah ben là, je ne préfère pas.

– Tu commences à comprendre, je crois.

– Mais pourquoi ce ne serait pas la mienne ?

– Si c'est ta religion qui était la religion officielle, ça t'arrangerait, toi. Mais ça ne ferait que reporter le problème plus loin... parce que ça ne plairait peut-être pas à ceux qui ont une autre religion que la tienne.

– Ils pourraient avoir ma religion... surtout si c'est l'officielle !

– Il n'y a aucune raison que ce soit la tienne, l'officielle. Comme toi aujourd'hui, ceux qui ont une autre religion que la tienne aimeraient peut-être que ce soit la leur, l'officielle… et pas la tienne ! On n'est pas sorti de l'auberge, tu vois ? Si tu réfléchis, tu verras que la laïcité est une bonne chose. Chacun fait ce qu'il veut… Chacun pense ce qu'il veut… Il faut juste comprendre que l'État a décidé un jour que les religions n'étaient pas son affaire.

– Mais pourquoi il n'aime pas les religions, l'État ?

– Il les protège… À toi de voir ce que ça signifie, maintenant.

***

La nation confie à l'école la mission de faire partager aux élèves les valeurs de la République. D'où l'existence d'une *Charte de la laïcité* à l'école, depuis septembre 2013. Le fait d'afficher cette charte d'un côté du tableau crée un bon équilibre avec la *Déclaration des droits de l'homme et du citoyen* placardée de l'autre côté. Avant tout débat en classe, il est bon d'être bien entouré…

NE PAS TENTER D'ÉVITER LE SUJET

Sous prétexte d'éviter les heurts, on peut être tenté de couper court à toute discussion. Mais comme l'indique le dixième point de cette charte essentielle, il appartient à tous les personnels – tenus à un devoir de stricte neutralité – de transmettre aux élèves le sens et la valeur de cette laïcité. Il faut donc aller au charbon.

Après les attentats de janvier 2015 contre *Charlie Hebdo*, j'ai dû faire face à certaines discussions plus ou moins houleuses au sujet de la place que tiennent les religions dans notre pays, du respect de celles-ci et de la liberté d'expression. Tenir un discours sans se limiter à se draper dans ses certitudes n'est pas chose facile. Pour toute réponse aux interrogations les plus diverses, on ne peut guère, en effet, se contenter de désigner du doigt les deux affiches. Il faut les lire, les expliquer et les commenter.

APPRENDRE À DOUTER

Il est toujours bon de commencer par expliquer aux élèves que le fait de se remettre en question ne va de soi pour personne. À l'âge où la personnalité se forge et s'affirme, il est difficile d'entrevoir l'idée que son voisin de table avec qui l'on n'est pas d'accord a peut-être raison. En clair, dans toute relation conflictuelle, et particulièrement lorsque des visions du monde s'opposent, mon voisin a forcément tort puisqu'il ne pense pas comme moi...

Quelle que soit leur confession, les élèves ont souvent du mal à considérer que les religions se valent. Que sa propre religion soit meilleure qu'une autre, ça peut se concevoir... Mais comment accepter l'idée qu'elle puisse être moins valable qu'une autre ? Difficile d'imaginer que l'on puisse soi-même faire fausse route.

Dans ce domaine, notre mission est de faire comprendre aux élèves que l'on a le **droit** de ne pas être en phase avec son voisin. Cette idée, qui peut paraître simpliste, est loin d'être claire dans l'esprit des adolescents. C'est la raison pour laquelle elle ne devrait pas être négligée. Pour contrecarrer tout accès insupportable de violence, sans doute faut-il insister dans nos classes, bien plus qu'on ne le fait actuellement, sur ce droit imprescriptible au désaccord.

Les bons réflexes

- Ne surtout pas fuir le débat et prendre le temps de parler en classe, surtout après des événements comme ceux que l'on a pu vivre en janvier 2015.

- Pour éviter toute ambiguïté et pour bien faire prendre conscience que la France respecte et protège toutes les religions, il peut être utile de rappeler aux élèves que la loi de 1905 n'a pas entériné le principe de la séparation de l'Église et de l'État, comme on l'entend dire trop souvent… mais **des** Églises et de l'État.

- Rappeler que la liberté de conscience implique le droit de croire ou de ne pas croire.

- Insister sur le fait que vivre ensemble signifie moins « tolérer » l'autre que « l'accepter ».

Chapitre 22

Rendre visite aux élèves sur leurs lieux de stage

Un élève n'a pas à être un ennemi, au même titre qu'il n'a pas à être un ami. Bon, il faut bien reconnaître que parfois le courant passe difficilement avec tel ou tel enfant ou adolescent dont on a la charge. Une incompréhension le jour de la rentrée des classes ou un stupide malentendu peut gâter bêtement une relation. On se fait mal comprendre. On s'emmêle les pinceaux, on s'en explique mais on trébuche de plus belle en voulant se justifier et les pieds se prennent à nouveau dans le tapis. Lorsque le quiproquo est bien en place, allez rattraper le coup devant une classe de trente gamins...

Mais dans ce contexte-là comme dans tous les autres, il faut retourner au charbon et ne jamais s'avouer vaincu. Parler, expliquer, revenir sur la question, répéter. Si l'on devait mourir à force de se répéter, le taux de mortalité chez les profs exploserait.

Pour essayer de faire la paix avec son pseudo-ennemi, il existe un cadre idéal, un environnement qui s'y prête bien : l'entreprise, au sein de laquelle l'élève se trouve en stage.

UN MOMENT PRIVILÉGIÉ

En poste dans un lycée professionnel, je fais partie des professeurs le plus souvent sollicités pour rendre visite à des élèves stagiaires, et pour être leur référent pendant une période donnée[3].

La venue de l'enseignant sur le lieu de stage est souvent un moment privilégié : il ne vient pas pour faire cours... Pas d'interro en vue, pas de livre, pas de classeur, rien de tout ça. À la place, quelque chose d'insolite qui n'a rien à voir avec le quotidien : juste un prof détendu qui cherche en territoire inconnu une tête familière... et qui la trouve, entre deux cartons, dans le local technique d'une clinique, en haut d'une échelle, pinceau à la main, en blouse blanche, derrière un comptoir, à la boulangerie du coin, ou perdu au fond d'un chantier quasi impraticable, en bleu de travail, chaussures de sécurité, casque de protection...

– Bonjour Nathan, ça va ?

– Bonjour monsieur ! Ça va bien... Mais ça fait drôle de vous voir ici. Je n'ai pas l'habitude. Vous avez trouvé facilement ? Vous avez pu vous garer ? C'est vrai, m'sieur, franchement, ça fait drôle de vous voir ici... C'est marrant...

À travers les dédales de l'immense chantier de construction, Nathan aura à cœur de me raccompagner jusqu'à ma voiture, tout à l'heure, pour que je ne me perde pas, pour que je prenne le bon couloir, pour m'aider à éviter de

---

3. Une semaine de stage lorsqu'on est au collège (en quatrième ou en troisième). Une ou deux semaines au lycée (généralement en seconde). Six à huit semaines, suivant les classes, en lycée professionnel.

prendre une poutre sur la tête, pour que je ne tombe pas dans le trou béant de la cage d'un futur escalier...

L'OCCASION DE RESSERRER DES LIENS

Le changement de cadre et d'ambiance est propice à un changement d'attitude et, le cas échéant, à un resserrement des liens, voire à une réconciliation : c'est l'occasion rêvée... Telle jeune fille qui avait décidé de ne plus vous adresser la parole verra en vous quelqu'un qui fait l'effort de se déplacer pour elle. Et si l'on n'est pas tenu d'apporter des fleurs pour marquer le coup, il se passe néanmoins quelque chose d'important : modification de la relation, changement de ton.

– Comment vas-tu, Déborah ? Alors... ça se passe bien ? Le travail n'est pas trop difficile ?

Pour deux êtres qui se connaissent et qui se retrouvent en terre étrangère, même s'ils ne s'entendent pas très bien par ailleurs, il est difficile de repousser la complicité qui pointe. C'est la raison pour laquelle il est préférable d'aller rendre visite à tel élève, avec qui l'on n'entretient pas de très bons rapports, plutôt qu'à tel autre qui ne jure que par vous. C'est la meilleure chose que l'on puisse faire pour regagner une confiance perdue. Il y a là une opportunité à saisir.

Ce temps d'échange, seul à seul, dans un couloir anonyme ou, avec un peu de bol, sur la haute terrasse ensoleillée d'un bâtiment en construction, est l'occasion parfaite de remettre les compteurs à zéro, cheveux au vent, de refaire connaissance, en début d'après-midi, sous un ciel d'azur, de créer une connivence que l'on n'aurait même pas osé imaginer quelques jours plus tôt...

Les bons réflexes

Le stage professionnel en entreprise permet à l'élève de découvrir le monde du travail, mais il offre aussi l'occasion de remettre certaines pendules à l'heure ou de repartir du bon pied : un élève dit « difficile » aura à cœur de montrer ce qu'il sait faire de ses dix doigts au professeur qui vient lui rendre visite à l'autre bout de la ville. Loin du collège ou du lycée, c'est l'occasion rêvée, pour eux deux, de se comprendre.

La fausse bonne idée

Améliorer une relation avec un élève doit avoir un sens précis : ne pas confondre « connivence » et « copinage ». Pour les jeunes enseignants – parfois guère plus âgés que leurs élèves –, la tentation peut être grande de la jouer « amis ». Centres d'intérêt identiques, goûts musicaux proches, points communs divers, etc. Danger : si une trop grande familiarité se met en place, il sera très difficile de revenir en arrière. Or, si la relation prof-élève venait à se dégrader à cause d'un manque de travail ou d'une attitude de moins en moins bonne au cours de l'année scolaire, la situation pourrait devenir intenable. Ce revirement pourrait être ressenti par l'élève en question comme une trahison… qui pourrait être lourde de conséquences.

Chapitre 23

Visiter une expo

Parfois, le jeu n'en vaut pas la chandelle. Sur le papier, tout paraît beau. Bien organisé, bien pensé. Ludique, aussi. Mais sur place, il faut se rendre à l'évidence : aucun intérêt. Pire : parfois, il y a un vice caché. Par exemple, on n'aurait jamais dû aller visiter cette usine ultramoderne qui fabrique des cigarettes pour la Seita et qui propose, à la fin du parcours, des paquets gratuits aux élèves.

– Pardon ?

– Oui... Si vous êtes d'accord, bien entendu... Nous sommes heureux de proposer à vos élèves nos produits. Si vous voulez, pour nous, c'est une manière de les remercier pour leur bonne attitude pendant ces quelques heures passées ensemble. Vous voyez ?

– Pas du tout.

– Comment vous expliquer ? Ce geste, c'est pour eux qu'on le fait. Et c'est cadeau, cela va sans dire ! Et comme, de toute façon, ils en achètent... Vous comprenez ?

– Non.

Résultat : d'un côté, le professeur, pas d'accord du tout. De l'autre, deux hôtesses d'accueil qui font mine d'être vexées et des élèves furieux de se voir privés de clopes gratuites. Tensions et frustrations sur le parking au moment de reprendre le bus pour quitter les lieux...

CIBLER

Premier conseil, donc : bien cibler et y regarder à deux fois avant de s'embarquer ici ou là. C'est la base pour éviter d'être empêtré avec sa classe dans un mauvais plan. Je me souviendrai longtemps, également, de la visite de ce centre d'information sur l'énergie qui n'était rien d'autre qu'un centre de propagande dédié au nucléaire et qui faisait, par exemple, des parallèles hardis entre gestion des déchets ménagers et gestion des déchets radioactifs. La vocation rassurante de ce centre m'a fait jurer qu'on ne m'y reprendrait plus et qu'on ne verrait plus aucune de mes classes gober passivement les messages délivrés par ces affiches colorées d'équations bon enfant censées démontrer mathématiquement la maîtrise des techniques ou le contrôle de la situation. Gadgets drolatiques, joysticks, animations, maquettes, tableaux interactifs. Et hop, la vapeur d'eau passe par là. Sur cette maquette 3D, tu peux ouvrir la vanne toi-même. En clair : vingt sur vingt pour la dimension pédagogique… et pour le bourrage de crâne !

JOINDRE L'UTILE À L'AGRÉABLE

Deuxième conseil : si un projet de sortie scolaire est mis en place pour plusieurs classes, ne pas suivre le mouvement les yeux fermés sous prétexte que l'on est un nouveau professeur. Pas question non plus de faire la gueule dès son arrivée dans l'établissement, mais il ne peut être que bénéfique d'apporter du sang neuf et de faire prendre un peu de recul à tout le monde.

En fait, en début de carrière, pour ne pas rater sa première sortie scolaire, il convient de tabler d'abord sur quelques valeurs sûres en matière de visites d'expos. À titre d'exemple, les divers salons Métierama, salons de l'Étudiant et autres Studyrama sont autant d'occasions d'aider les adolescents et les adolescentes à faire le point aussi bien sur leur orientation professionnelle que sentimentale. Avant la fin de l'année scolaire, lors du très prisé Printemps des lycéens et des apprentis, chacun pourra faire, là également, toutes sortes de rencontres fructueuses au hasard des allées bondées. Tu viens de quel collège ? Tu es dans quel lycée ? Tu veux faire quoi, comme études ? Tu habites encore chez tes parents ? Électrotechnique et coups de foudre, prépas post-bac et rendez-vous d'amour dans l'allée numéro 7. Tip top pour l'épanouissement personnel et l'éclosion de projets. Draguer la minette ou le gadjo lors d'une belle journée d'avril et venir faire ses commentaires au prof accoudé au bar du parc des expositions, rien de tel pour entamer en toute confiance, dès le lendemain, la dernière partie de l'année scolaire.

SURVEILLER

Une dernière chose : attention toutefois à certains incidents de parcours, certains débordements inopinés... Le professeur guide un groupe qui n'a pas forcément conscience de la portée de tous ses faits et gestes : sur un site archéologique, la petite coquine à qui le destin malicieux donne la chance de trouver le fragment d'un vase recherché par toute une équipe d'archéologues persévérants est à surveiller de près... tout comme celui qui fauche un paquet de cigarettes à la sortie de l'usine, pour se venger de l'attitude révoltante du prof.

Parfois, aussi, il vaut mieux en sourire dans son coin. Savoir ne pas voir. Savoir ne pas entendre ce que tout le monde a entendu. Sinon, on n'en sort plus...

Les bons réflexes

- Le choix de l'exposition est primordial. S'il est en lien avec le programme officiel, tant mieux. Mais il ne faut pas non plus hésiter à sortir des sentiers battus, à varier les plaisirs et à créer des intérêts nouveaux.

- Se rendre à une exposition est plus « risqué » que d'aller au théâtre ou au cinéma. Il se peut en effet qu'en fin de compte l'expo n'ait pas grand intérêt. Ce qui conduit parfois à un certain chahut. Si des sanctions sont à prendre, elles ne peuvent en aucun cas être prises sur-le-champ. Hors les murs de la classe, en terrain inconnu, en présence d'un public tout aussi inconnu (classe d'un autre établissement, par exemple…), un élève perturbateur peut avoir des réactions imprévisibles. Lui signifier (discrètement) que l'on fera le point avec lui une fois que l'on sera de retour dans l'établissement scolaire est la meilleure solution pour le faire revenir à lui.

- Attention à ne pas oublier les faits : il ne faut surtout pas changer de position vis-à-vis du perturbateur simplement parce que le temps a passé entre le moment de sa mauvaise attitude et le retour en classe. Il y va de la crédibilité du professeur. Bien entendu, si son comportement s'est amélioré pendant ce laps de temps, il convient d'en tenir compte.

La fausse bonne idée

Emmener les élèves à une expo conseillée par la presse ou par l'inspection, mais qu'on n'a pas pris le soin de tester soi-même auparavant.

Chapitre 24

Animer la vie de son bahut (ou comment lutter contre la dépression)

Au détour d'un mois de février particulièrement pluvieux, il arrive que chacun s'interroge dans son coin. Moi, comme les autres... : à quoi bon, au fait ? Lourde question qui tombe comme une masse, à 8 h 43, en salle 2, sans qu'on sache bien pourquoi. Question pesante, oui, lorsque notre métier consiste à tirer les élèves vers le haut. Plein les bottes. Marre. Même les épaules du super-prof d'éducation physique tombent un peu. Moral dans les chaussettes, au ras des pâquerettes. Dépression. Pour ne pas dire dépressurisation : en plein vol, au beau milieu de l'année, l'émulation bat de l'aile puis s'effondre de manière dramatique.

Vent.

Pluie.

Février.

En pleine ascension de ce mois d'hiver, voilà qu'on marque le pas, puis qu'on décroche. Dégringolade vertigineuse.

Même les copies s'en ressentent : « Je n'ai pas aimé *L'Odyssée* car trop de détails, trop de noms, trop de dieux, trop d'îles. Trop compliqué. »

Et si l'on n'y arrivait plus, un jour ?

Pour éviter de finir neurasthénique, mieux vaut se rebiffer dare-dare contre le destin. Souvenons-nous de la fière équipe que nous formons avec Vincent, François, Paul et les autres.

DES PROJETS

Les appellations passent (PPC, projets pédagogiques concertés ; PPCP, projets pluridisciplinaires à caractère pédagogique ; OT, objectifs transversaux, etc.) mais l'idée reste : pour vivre heureux, vivons ensemble, et non cachés dans nos salles.

– Et si on construisait une estrade dans la cour ?

– Une quoi ? Une estrade ? Pour quoi faire ?

– Pour prendre la parole. Pour les profs. Pour les élèves. Pour la direction. Une estrade, quoi... On n'a pas d'estrade.

Tout projet, du plus complexe au moins ambitieux, du moins utile au plus indispensable, est bon à prendre s'il incite à travailler ensemble. Pourquoi ne pas construire cette estrade dont on n'a jamais eu besoin mais qui semble manquer cruellement, tout à coup, dans la cour du lycée ? Le prof de sport s'en servirait comme podium pour ses remises de médailles et de trophées, la prof de musique monterait un dossier, en classe, sur l'histoire des kiosques à musique, le prof d'histoire évoquerait dans son cours les estrades tristement célèbres, comme celle du Reichsparteitagsgelände à Nuremberg en 1938, et moi, le prof de français, je ferais un détour par les tribunes de mon choix, de la chaire universitaire au perchoir de l'Assemblée nationale en passant par le balcon de Juliette, à Vérone.

Sans quitter des yeux le programme officiel, se mettre tous sur la même longueur d'onde, deux ou trois heures par semaine. Et le chef d'établissement ferait le bilan, à la fin de l'année, depuis l'estrade construite de toutes pièces par la section maçonnerie (si on est en lycée professionnel, ça peut aider...), sous l'œil attentif de l'instigatrice du projet, la prof d'arts plastiques qui s'est occupée, avec ses élèves, du design de l'édifice.

Impossible, bien entendu, de faire une liste, ici, de tous les projets possibles et imaginables que l'on peut conduire à l'école. Ils sont innombrables...

LIPDUBS, FLASHMOBS

Dans la catégorie « heureuses initiatives », difficile de refermer cette page sans faire un détour par les propositions des élèves : depuis quelque temps, un extraordinaire vent de *lipdubs* et de *flashmobs* souffle sur Internet. S'il était besoin de le prouver, ces impressionnantes performances de groupes montrent, à elles seules, que les collégiens et les lycéens n'ont peut-être jamais été aussi créatifs qu'aujourd'hui. Et lorsqu'ils parviennent à embarquer, dans leurs jeux musicaux, les professeurs qui n'ont pas l'intention de laisser passer le sale mois de février sans réagir, on se dit tout net qu'on a bien fait d'embrasser la profession.

Les bons réflexes

- Dans un établissement scolaire, vivre sans projet commun n'est pas vivre : tout projet fédère.
- Un projet qui n'aboutit pas (faute de moyens, faute de temps, faute de participants...) peut engendrer de la déception mais, bien appréhendé,

même un échec est rassembleur : mieux vaut un échec collectif que rien. Et l'année suivante, avec les mêmes élèves ou avec d'autres, on fera mieux, on s'y prendra plus tôt, on s'organisera autrement…

- Le magazine *L'Étudiant*, l'Afev (Association de la fondation étudiante pour la ville), Le Café pédagogique et son forum des enseignants innovants, les *Cahiers pédagogiques*, la *Revue française de pédagogie*… sont autant de lieux où les professeurs peuvent, entre autres, s'informer, trouver des ressources et/ou exposer leurs projets, leurs idées, comparer leurs réalisations et s'inspirer mutuellement.

Chapitre 25

Créer une relation de confiance avec ses élèves

Maxime L., classe de sixième :

– Monsieur, moi, j'ai bien aimé *L'Odyssée*, sauf que je trouve que c'est pornographique.

– Ah ? Explique...

– Oui, quand même, quand Ulysse dit qu'avec Pénélope ils « retrouvèrent la joie du lit ancien ».

***

Il est de bon ton de crier sur tous les toits qu'un professeur n'est pas là pour aimer ses élèves mais pour enseigner. Certes ! Ce lieu commun est loin d'être dénué de sens. Et il peut être extrêmement utile de le rappeler dans certaines circonstances particulières du genre crise, heurt, clash, incompréhension. Quand la communication prof-élève devient difficile à établir, par exemple à cause d'une très mauvaise note attribuée, le fait de rappeler que le professeur n'est pas là pour « faire plaisir » mais pour « faire travailler » est le plus sûr moyen de clarifier les choses, de mettre les pendules à l'heure. Autre exemple, lorsqu'une note brille de tous ses feux en haut d'un excellent devoir, il est parfois tout aussi utile de rappeler qu'elle n'a pas été donnée pour « faire plaisir » mais parce qu'elle reflète ce que vaut la copie.

– M'sieur ! Je voulais vous dire… J'ai bien aimé les notes que vous m'avez mises sur mon bulletin.

– C'est gentil, Hakim… Mais ce sont simplement tes notes…

Une mise au point sur le rapport que le professeur entretient avec ses élèves s'avère donc parfois indispensable quand le doute s'installe en classe : ce prof met des bonnes notes à ses chouchous, ou quoi ?

Maintenant, disons-le : souhaiter entretenir avec ses élèves un rapport exclusivement neutre est – heureusement – illusoire. Poussée à l'extrême, cette neutralité de chaque instant prêterait même à confusion : ce prof n'en a-t-il vraiment rien à foutre de nous ?

Comment et pourquoi l'enseignant devrait-il rester, en toute occasion, indifférent, sec et distant ? S'il est de notre devoir de résister à la tentation de mettre une note de complaisance à celui qui sort de trois mois d'hôpital ou à celui qui porte tout le malheur du monde sur ses épaules, je prétends que refuser de s'attacher aux élèves, c'est gâcher le métier.

Empathie.

Nous sommes, ici, au cœur du sujet.

NE PAS BOUDER SON PLAISIR

L'ordinateur n'ayant pas encore remplacé le professeur, profitons-en pour éviter d'être des robots pensants. Loin de devoir être des répétiteurs sans odeur ni saveur, des logiciels d'apprentissage de la langue, des écrans de savoirs, nous sommes des enseignants en chair, en os et en sensibilité. Et on aura compris que le plaisir de laisser s'exprimer ce petit sixième qui commente de manière incongrue les aventures d'Ulysse et de la patiente Pénélope n'entame en rien l'autorité du prof, tant désirée par les élèves.

Le plaisir est là. Le bouder serait stupide et surtout suspect aux yeux des élèves : un prof qui ne prend plaisir à rien, c'est louche.

CRÉER UNE BELLE CONNIVENCE

Et puisque nous sommes des humains, parlons. Dans les escaliers, à la fin de la récré, pendant la pause entre deux heures de cours, parlons. Sais-tu, Pénélope, que lorsque tu trouves le temps long parce que ton petit copain n'arrive pas, à la sortie du lycée, personne ne te comprend mieux que le philosophe Henri Bergson, par l'intuition qu'il a de la durée ? Sais-tu que l'écrivain philosophe Michel Serres se fait une meilleure idée de l'écoulement de ce temps en observant le bracelet usé de sa montre plutôt qu'en regardant les aiguilles du cadran ? Sais-tu qu'il existe un produit 2 en 1 qui offre, en même temps, un shampooing et un après-shampooing, preuve que lorsque certaines conditions sont réunies, présent et futur se retrouvent condensés en un seul moment ?

– Oui, enfin, m'sieur, c'est bien rigolo, tout ça... mais moi, quand j'ai le temps long, j'ai le temps long. Et quand mon copain n'arrive pas, ça m'inquiète. Il y a des choses qui ne s'expliquent pas, vous ne croyez pas ?

– Sans doute...

ÉCOUTER

Parler du temps qui traîne la patte ou qui s'enfuit à toutes jambes, de mon ancien professeur qui arrivait toujours en retard d'une minute pile poil et qui semblait commander au temps qui passe... Parler des arts de la rue, de l'Amazonie, de Molière, de l'univers, de la fonte de la banquise... Peu importe ! Une seule chose est sûre : ne serait-ce que pour éviter de se disperser en classe, on ne bavarde jamais trop, avec les élèves, dans les couloirs. Et puis... pourquoi se priverait-on de leur enseignement ?

– Moi, m'sieur, quand j'ai mal au ventre à cause de mon copain, il n'y a rien qui explique.

Les bons réflexes

- Un signe qui ne trompe pas : lorsque les élèves cherchent à renforcer les liens qui les unissent à leur professeur, c'est que le professeur est parvenu à en créer. Dans ce cas-là, la condition est remplie non seulement pour autoriser tous les apprentissages, mais aussi pour permettre à chacun d'y prendre plaisir.

- Créer une belle connivence n'est possible que si le professeur se positionne clairement : il est là pour enseigner et non pour rigoler ou pour faire le moniteur de colo. C'est uniquement lorsque ce point ne fait plus le moindre doute chez les élèves (après quelques semaines ou quelques mois de cours...), qu'il peut éventuellement montrer le visage d'un homme affable... et qui sait rire, même !

- Inciter les élèves à participer aux diverses activités proposées par l'établissement en dehors des cours.

- Parler du temps qui file... et donc de l'avenir ! Quelle filière suivre après l'examen ? Comment ne pas se tromper de voie ? Quelle est l'utilité d'aller rendre visite à un conseiller d'orientation ?

- Et puisqu'on parle d'avenir… créer une relation de confiance avec ses élèves permet de garder des liens privilégiés avec les anciens. Ne pas hésiter à recevoir sur son lieu de travail (pendant des journées « portes ouvertes », et pourquoi pas en classe) les jeunes gens devenus adultes qui viennent évoquer leur parcours professionnel, leur parcours de vie, ou simplement montrer la photo de leurs enfants…

Remerciements

L'auteur tient à remercier ses Drôles de dames, Nicole Barcelo, Anne-Charlotte Sangam et Laure Saget pour leur vaillance depuis la toute première aventure.

Du même auteur

Les Poules, Transbordeurs, 2006.
Pédiluve et bénitier, Transbordeurs, 2007.
Le Pouce d'un autre, Anota, 2009.
Mots de tête, Autrement, 2011.
C'est qui Catherine Deneuve ?, Autrement, 2012.
Mes élèves sont formidables, Autrement, 2014.

Table des matières

Achevé d'imprimer par Grafica Veneta, Italie
pour le compte des Éditions Autrement,
17 rue de l'Université, 75007, Paris.
Tél. : 01 44 73 80 00. Fax : 01 44 73 00 12.
ISBN : 978-2-7467-4073-0. N° d'édition : L.69EHAN000059.N001
Dépôt légal : mai 2015.